设计语言学论丛

设计语言学概论

郭 菲 著

苏州大学出版社

图书在版编目(CIP)数据

设计语言学概论／郭菲著．—苏州：苏州大学出版社，2014.6
(设计语言学论丛)
ISBN 978-7-5672-0923-7

Ⅰ.①设… Ⅱ.①郭… Ⅲ.①语言学 Ⅳ.①H0

中国版本图书馆 CIP 数据核字(2014)第 107362 号

书　　名：设计语言学概论

作　　者：郭　菲　著
责任编辑：巫　洁
策　　划：汤定军
装帧设计：刘　俊

出版发行：苏州大学出版社(Soochow University Press)
社　　址：苏州市十梓街 1 号　**邮编**：215006
印　　刷：丹阳市兴华印刷厂印装
网　　址：www.sudapress.com
E - mail：tangdingjun@suda.edu.cn
邮购热线：0512-67480030
销售热线：0512-65225020

开　　本：700mm×1000mm　1/16　**印张**：12.5　**字数**：200 千
版　　次：2014 年 6 月第 1 版
印　　次：2014 年 6 月第 1 次印刷
书　　号：ISBN 978-7-5672-0923-7
定　　价：35.00 元

前　言

我的第一部著作《设计语言学概论》就要出版了，虽然它部头不大，或许还有几分稚嫩，却凝聚了我将近7年的精力与心血。这期间，可以说，我是以“铁杵磨针”和“蚂蚁啃骨头”的精神，一点一滴地积累，一步一个脚印地坚持过来的。为了它，我失去了享受自己美好青春生活的许多宝贵时光；为了它，我花费了好几个寒暑假去“充电”——补习现代语言学理论以及艺术哲学、美学等基础知识；为了它，我甚至延误了组建家庭的最佳时机。正因为这样，在书稿掩卷并即将付梓之际，心中除了对这一艰苦历程的诸多感慨之外，还真道不明个中究竟含有几分轻松与喜悦。

我对设计语言的研究兴趣始于攻读硕士学位期间。之后，随着相关文献资料和知识的不断积累，逐渐产生了“系统而扼要、深入而概括”地描绘设计语言学基本面貌的念头。本书虽然实现了这一愿望，但由于本人学术水平有限，语言学根基浅薄，书中极可能存在不妥或偏颇之处。故诚望前辈学者、同行专家和广大读者批评指正。

本书涵盖了设计语言所涉及的四大结构层面，以及该领域研究的核心内容：从设计语汇的性格特征、信息能量、审美造型功能，到设计语法的要素、原则、手段及视觉效应的营造；从图形或形态意义的分类、设计语言的语义结构成分、语义运作机制，到设计语言交际的动机、言语行为、会话含义、会话结构、原则、手段与语境；等等。

这是我踏上学术研究之路后的第一站。值此回顾和总结这段科研攻关经历之际，内心不由得生发出一股强烈的感激之情。首先，我要衷心感谢指引我踏上学术研究之路的“顾问”——已达古稀之年且健康状况欠佳的老爸。他不但传授给我做人和做学问的道理、原则及经验，帮我创意和策划了“设计语言学”这一研究课题，而且还为我提供了大量的相关资料，并审阅了书稿中的第四章和第五章。与此同时，我还要感谢任劳任怨的妈妈多年来对我的全力支持和为我付出的一切。其次，我还要特意向本书参考文献的国内外各位作者表示真诚感谢。因为，在成书过程中，或是直接引用了他们原著中的文字内容或设计作品，或是根据自己的理解以不尽相同的文字表述形式引介了他们的观点，或是虽未直接或间接引用，但他们的研究成果对于扩大我的学术视野、丰富阅历、拓宽研究思路乃至增加理论储备和完善知识结构来说，都使我受益匪浅。最后，还要感谢我的同事胡易容博士为本书的修改和出版给予的关心和帮助，感谢为本书出版付出辛勤劳动的苏州大学出版社的巫洁和汤定军两位老师。

郭　菲

2014 年 3 月于桂林电子科技大学

目　录

Contents

Contents

Contents

Contents

绪 论

（一）

设计艺术是所谓“形象的科学”①中的一种表现形式，也是当今最重要的艺术形式之一。这主要是因为，充溢着情感与审美文化积淀的设计：既是我们观察世界并将其结构化的心灵创意手段，也是人类完善自我并改造世界的创造性艺术活动；既是人类使周围事物艺术化的行为，又是将科技与艺术融合的造型构成学问；既是一种“揭示事物本质的方法论”，又是一种“通过外观和表现形式来表达事物运动的意义的活动”。② 说到底，设计就是一种“营造世界，结构时空”的艺术造型行为，就是一种创造新符号、新语言和新形式的文化活动，而这种“行为”与“活动”又都建立在科学与艺术合理融合的基础上。

而所谓“设计语言”，正是设计图形或形态所呈现的视觉形象或符号系统。设计语言是在艺术语言中平行于诗歌语言、音乐语言、舞蹈语言、戏剧语言、影视语言、绘画语言、相声语言等的语言形式。设计语言同这些艺术语言形式一样，都是人类思想和情感的载体，它们的共同“母体”或“基础”都是日常实用语言——自然语言。因此，要研究或描述它们，就必须从总的“源头”——“语言”说起。

许多研究成果表明，作为一种社会共有的表达思想和观念的概念化符号系统的语言，是一种特殊的社会现象，而且语言与社会

① 舒湘鄂：《设计语义学》，湖北美术出版社，2001 年，第 6 页。
② 舒湘鄂：《设计语义学》，湖北美术出版社，2001 年，第 9 页。

是一种相互依存和共变的关系。首先,语言是适应社会的需要而产生的。因为人类要生存就得劳动,就得克服各种困难,而这种劳动和斗争的实践活动又需要彼此之间的交往和合作,于是就逐渐形成了这种用来沟通思想的交际工具——语言。由此可见,没有人类社会,就不可能有语言,而且只有人类社会才会有语言。语言是依赖于社会的,社会的发展与变化都会影响到语言。其次,作为社会之纽带的语言,又是社会存在的不可或缺的条件。正因为有了语言这种交际工具,社会成员或群体之间的联系才能够建立与保持,从而促进社会的发展与进步。而离开了语言,人们之间的联系就会中断,社会便会解体。第三,不同的社会团体在语言的表达方式上所产生的差异现象,称为语言的"社会变异"。这只是全民语言的不同表达形式而已,并不影响全民对共同的语言材料和语法规则的运用。倒是这种变异加上个人特点,反而使语言成为了更加富有弹性、表达能力更强和更灵活的交际工具。最后,艺术哲学也告诉我们,语言是在人类认知与建构世界的生命活动中形成的,它既能呈现世界及人类生命活动的内在逻辑结构,又能反映人类认知与把握世界的各种方式,进而揭示各种事物的本质。也就是说,世界的存在以及它所包含的各种意义只有通过语言才能被把握到,才能被认知,人类的一切意识活动正是通过语言而进行的。正因为这样,语言不仅与世界具有了内在的逻辑同构性,而且还产生了一种能够区分意识活动及其相关呈现物的特殊功能。

说到语言的发展,尤其是变化问题,我们必须首先明白,语言是社会团体或个体成员随时都在使用的交际工具,而交际活动本身又需要使语言保持一种相对稳定的状态,否则就会使交际变得困难——这是语言具有稳定性质的原因之所在。另一方面,社会的不断发展以及日益增长的交际的需要,又会不断地促使语言发生变化——这是语言具有变化性质的原因之所在。相互矛盾、对立的语言的稳定性和变化性完全取决于语言这一交际工具的性质。也就是说,一方面要求语言保持一种相对稳定的状态,另一方面又要求语言不能一成不变。这就告诉我们,"语言只能变化,不能停止；只能渐变，不能突变”[①]。不变化就无法适应社会的发展、进步和变化，而变化过于突然，又会影响到语言作为交际工具的顺利使用。

总之，社会文化、客观现实以及人类的认知能力和社会实践活动是语言产生、发展和变化的基础或根源。

语言与思维的关系同样是相互依存、形影相随和密不可分的。语言不仅是思维和思想的直接反映，是逻辑思维的承载者或物质外壳，而且也是人类对外部世界客观事物或现象的感悟在意识中的反映的一种表达。正是基于这两点，语言才成为“使人的直观和表象获得新的规定性的中介”[②]，成为“通向解释事物之本质的路标”[③]。何况，“意识活动是在语言层面上进行的，我们只能经由语言的途径，沿着语言的指引而进入由语言所带出或呈现的世界”[④]；“要领悟、反思和揭示‘生活世界’的‘意义’，则只能和唯一地经由语言的途径”[⑤]。

语言具有下列性质或特点。第一，由于任何一种语言都产生于各自民族的特定历史条件下，并且集中了各自民族的认识成果，所以语言具有民族性。第二，作为社会全体成员的一种集体财富，语言既是全民统一的、共同的交际工具，又是社会不同团体、不同个人可以公平享用的交际工具。尽管语言的使用可以有个人的特点（如“官腔”“女人腔”“学生腔”“洋腔”等），但无论社会成员的地位、身份、受教育程度如何，人人都得遵守社会的语言习惯，谁都无法垄断。因此，语言具有全民性特点。第三，语言中的语音都是人的发音器官的动作（生理特性）振动空气（物理特性）而形成的，这就说明，以声音为物质外壳或物质存在形式的语言具有非本质的自然属性。第四，语言具有社会属性，而这种社会属性才是其本质属性。这一点具体反映在原属于自然现象的声音成为受社会制

① 陈长茂：《基础语言学》，河南大学出版社，1986 年，第 237 页。
② 徐恒醇：《设计符号学》，清华大学出版社，2008 年，第 21 页。
③ 董志强：《消解与重构——艺术作品的本质》，人民出版社，2002 年，第 41 页。
④ 董志强：《消解与重构——艺术作品的本质》，人民出版社，2002 年，第 45 页。
⑤ 董志强：《消解与重构——艺术作品的本质》，人民出版社，2002 年，第 47 页。

约的语音材料上，反映在语言是社会交际的工具上，反映在它的产生和发展、变化都是以社会为基础或根据上。第五，由于人类的语言活动早已深入到了社会的一切领域与所有方面，因此作为人类第一种重要符号系统的语言，便具有了突出的渗透性和融合力。而这自然也就使研究语言的“语言学”学科同其他学科发生了十分密切的联系。也正因为如此，语言学不仅早已成为人文学科研究领域的先头军，并在其中占有了极为重要的地位，而且就连自然科学领域中的许多学科，如数学、生理学、病理学、声学、通信工程、信息论、人工智能等，也都在积极利用语言研究的最新成果来充实和发展自己。第六，由于作为一种特殊符号系统的语言，既可以用来指称客观事物或现象，同时又可以用来表达思想和情感，所以语言还具有突出的指谓性。

就语言的功能而言，可以大致归纳为如下几种：①作为人类思维之直接反映和人际交往之媒介的语言不仅成为人类思维和交际的工具，而且也成为我们观察、认知与把握世界的主要手段；②语言具有称名或指称客观事物、现象或感觉对象的“指谓功能”；③语言具有将人类生活中各种复杂事物或现象加以抽象、概括或升华的功能——正是语言的这种功能，才使人类能够将直观与表象升华为概念，才使客观事物或现象成为被认知的客体或被理解的对象，才使我们具备了逻辑思维能力和区分意识活动及相关呈现物的能力，也才造就了人类多姿多彩的精神世界；④语言是在现实世界和文化之间架起的一座无形的桥梁，它使世界和人类文化之间产生了一种极为密切的关系。

（二）

语言是符号学领域中最典型的概念化的符号系统，正是语言使人成为超越单凭感觉的条件反射状态而具有高度思维活动能力的有意识的实践主体。关于语言符号这一问题，王铭玉先生作了这样的描述：“语言符号是进行交际和传递信息的基本形式，可被感知（可视、可听），具有携带信息的能力，它是音（形）、义结合的统一体，所以它是两重性的单位。词或句子就是交际和信息符号，它们执行着指称和述谓功能，把语言和思维、社会联系起来。由此可见，语言符号在符号世界中占有特殊的地位。”①

如果从艺术文化学角度审视设计艺术，那么，应当说，像任何其他文化产品形式一样，它也是一种语言表达式或语言符号，并同样作为生活整体性的一种显现方式加入到了社会及文化生活的构成中，而且其真正的含义只有在生活及行为的整体融合中方可呈现出来，它不仅有助于实现人们的精神与社会交往，同时也有助于催化特定社会意识、思想和观念的生成。

而作为思想和情感之载体的各种语言，它们都是人类创造的用来思维、表达意愿和交流思想的工具。人们的任何交流、沟通或联系都只有通过语言这一交际工具才能实现。日常实用语言（自然语言）是交际工具，各种形式的艺术语言（诗歌语言、音乐语言、舞蹈语言、戏剧语言、影视语言、绘画语言、设计语言等）也是交际工具。人类作为使用语言进行思维和交往的高级动物与世界的关系原本就是一种语言性的关系。任何社会的物质文明和精神文明的每一项成就都是通过语言这一交际工具所维系的共同行为创造的。正因为如此，人类社会有史以来始终对语言的存在与发展给予了极大的关注。20 世纪初期，在专门探讨人类语言的“语言学”研究领域中出现了具有划时代意义的两大创举：其一是著名瑞士语言学家索绪尔创立了“语言与言语”“能指与所指”“共时与历时”“组合关系与聚合关系”等一系列语言学二元对立概念，并开创了结构主义语言学理论；其二是俄国形式主义文论派率先将语言学与文学联姻，不仅使语言学成为人文学科的先头军和促使其他学科发展的动力源，而且开创了当今真正的语言学时代。尤其是 20 世纪 60 年代以来，随着语言学的迅猛发展，以及语言学迅速向哲学、人类学、心理学、文学、美学等其他许多学科领域的渗透，语言问题同样成为这些学科所关注的新的研究课题，就连绘画和设计艺术领域也都受到了这股强劲的“语言学旋风”的冲击，并毫

① 王铭玉：《语言符号学》，高等教育出版社，2005 年，第 16 页。

无例外地吸收、融合了语言学的观念及语言意识，甚至还引进了语言学的某些研究方法。于是，很快出现了许多人文学科同语言学相互交叉、融合的新局面，逐渐产生了哲学语言学、心理语言学、社会语言学、文化语言学、文学语言学、诗学语言学等一系列交叉性的边缘学科。从这个意义上讲，不仅可以把专门研究设计艺术语言的学科界定为“设计语言学”（像文学语言学和诗学语言学一样），而且还应该使其具有与设计哲学、设计美学、设计心理学、设计信息学、设计符号学、设计文化学同等重要的地位。

关于语言研究问题，有两点是必须提及的：其一是语言研究的基本取向问题；其二是语言研究的基本方法问题。

（1）语言研究的基本取向问题反映了国际语言学界从事语言研究的基本出发点或指导思想。在此方面，“传统研究”一向以语言结构和使用规则为中心进行静态性的研究，即视语言为一种输出，一种可被记录的固定模式。这显然体现不出语言本身所具有的重要实用价值，因为它无法诠释语用因素所导致的结构变化和语义上的各种差异。而“当前研究”的动态性取向则重点关注语言符号在交际中的各种变化规律，不但重视影响语言使用的所有因素（语言性的和非语言性的）同语言符号的关系，而且重视从各种角度（语法的、语义的、语用的）分析运用于交际的语言符号的动态变化规律，视语言为交际网络中持续进行选择与变化的过程。

（2）语言研究的基本方法通常归纳为较早时期的“规范法”（如着重于正确使用语言的传统语法研究）、当前的“描写法”（由形式到内容客观描述话语现象之特点与规律的方法）和“解释法”（为揭示语言本质、描写语言事实，通过对隐匿于语言事实背后的其他因素的分析来描述语言事实的方法）三种。后两种属于形式、语义和语用三结合的研究方法。

“设计语言”研究也已经历了近百年的历史，虽然这种研究长期被包含在艺术形态语言或“视觉语言”的研究领域中。美国学者齐·科宾斯于 20 世纪 40 年代出版的论著《视觉语言》可视为该研究领域的代表性成果之一。此外，由于受 20 世纪初期传统语言学研究方向朝着语言结构、本质与功能的转变的影响以及符号学潮流的冲击,现代设计意识和理念也发生了根本性的变化,人们已不再重视以往那种“模仿式”或“再现式”的设计观念,代之而起的是解构主义和符号语言学理论的观点。特别是 70 年代以来,设计艺术学界索性借用现代语言学的最新理论观点来分析设计语言的语法、语义甚至语用现象的规律与特点,终于使该领域的现代研究步入了真正意义上的“设计语言学”性质的研究轨道。

虽然作为一种人为创造的符号或形象的设计图形或形态,只是一种视觉图形或视觉形象,但它毕竟荷载着信息,蕴含着意义,发挥着交际工具的功能。因此,设计语言是一种不同于自然语言的符号化的视觉语言,亦即视觉形式语言,属于符号型语言范畴。这是一种跨民族的国际性的无声的语言,它既含有能指性的表达系统(设计语言的语汇),也含有所指内容(设计语言的语义),是一种除语音符号或文字符号形式以外的既能存储又能传递的视觉语言形式。呈现这种设计语言的是一种有痕性的实物形态,一种将思想情感、审美意识等物化的形态。这种形态不但使设计语言具备了高度形态化与凝练化的性质,而且还使它实现了实用功能与审美功能的高度统一。而研究设计语言的学科就是“设计语言学”。

国际学界对视觉语言的研究最早是在绘画艺术和自然科学的某些领域展开的,后来才涉及设计领域。世界设计理论研究的飞速发展大大激发了我国设计界的研究热情。可以说,在我国,现代设计领域的每个阶段性进步几乎都同国际设计理论的发展并引入国内有直接关系。不过,客观地讲,20 世纪 80 年代以来,尤其是 90 年代以后,虽然我国设计艺术学界对设计艺术语言的研究已逐步进入理性思维的研究状态,而且在对组成设计语言学的四个分支领域(设计语汇学、设计语法学、设计语义学和设计语用学)的研究方面在许多论著中已多有涉及,有些研究成果(如设计语义)甚至还颇具深度,但还远未形成我国自己的完整的设计语言学理论体系,因此还大有更加深入、更加系统地进行探讨的必要。例如,对设计语用学的研究几乎空白,少数论著中即使提及,也只是寥寥数语一笔带过而已。对设计语义学进行深入研究,不仅需要加大学科之间的交叉、融合,而且需要进一步引入语言学、符号学乃至诗学等相关学科的方法论，以便深入分析设计语义的结构、功能和特性，进一步揭示设计语义生成和运作的内在机制及表达手段等。此外，在对设计语汇学和设计语法学的研究方面，尚需提升自觉性，克服盲目性和局限性，把对设计元素的性格特征及造型功能的研究提高到对设计语汇学学科主要内容进行研究的高度，同理，把对构成或造型法的研究提高到对设计语法学学科进行研究的高度。

（三）

一般来说，语言大体可分为两类：一类是人类思想存在与表达的基本形式，是人类特有并充当交际和思维工具的符号系统，称为“自然语言”或“实用语言”；另一类是为不同目的而人为创造的辅助性语言（世界语、国际语、新创语）和代码系统（计算机使用的公式翻译语、通用事物语、算法语），称为“人工语言”。作为工具的语言，可用来进行思维和交际，用来积聚知识和信息，用来表达情感以影响他人，用来充当语义信息的载体和艺术表现的媒介，用来满足审美需要和强化其感染力。

属于特殊的表意符号系统的设计语言是完全不同于自然语言的一种视觉语言形式。由于设计语言实际上是自然语言的艺术化或诗性化（即审美化），所以其功能也就变得更加广泛而复杂起来，并最终获得了新质和新维度的性质：不但成为设计艺术审美能量的载体，而且成为审美功能在其中占有主导地位的艺术语言形式。从某种角度上讲，其审美功能本身就变成了一种描述与表达的有效手段，整个设计语言也就具备了理解度、感官度、想象度乃至情感度这四维度的性质。具体来说，设计语言是通过明确有序、可以储存和传递的视觉形态来传达思想、知识、情感等信息的图像符号系统，是由点、线、面、形、色彩、肌理等符号元素（设计语汇）构成的。它是设计艺术的创作主体通过对符号的挑选、加工、整合、转移等一系列艺术创造程序汇集而成的既能指涉思想又能释放情绪或情感，从而促成自己与接受主体（受众）实现语义信息顺利交流的特殊艺术语言形式。

作为符号,无论是自然语言中的语音(口语)或文字(书面语),还是设计语言中的点、线、面、色彩、肌理乃至图形,都是意义和信息的载体。其不同之处主要在于:①自然语言的民族性和地域性特点使得不同国家和民族之间的交际受到了阻隔,要克服这道障碍,就必须增加一个"翻译"的中介程序,而设计语言在一般情况下是不受地域性和民族性局限的,所以有人把这种形态视为对自然语言的一种补充;②就对事物的陈述方式而论,自然语言的陈述方式具有概念性和线性,而设计语言的陈述方式是直观的、形象的,更具真实性和吸引力;③就语言创造上的个性化程度来说,用自然语言创造的非艺术作品个性化程度不明显,而设计作品则是一种个性化极强的语言形式,因为设计作品几乎是创作主体精神个性化的物化形态。

除此之外,由于设计语言是通过图形或形态呈现出来的,所以它还存在不少有别于自然语言之处:①由于设计语言具有形象性和情感性,所以它唤起各种情感的潜在能力大大优于自然语言;②设计语言提供视觉信息的能力,或者说,所携带的信息流量,也是自然语言无法相比的;③就逻辑性和抽象能力与程度而论,设计语言远不如自然语言;④从帮助记忆的能力上说,设计语言又是优于自然语言的。

如果从艺术哲学角度观察设计语言,我们还可以深切体悟到:设计语言不仅是各种设计表现手段的总和,而且还以情感逻辑置换理性逻辑,使接受主体通过直观获得哲理美,并最终实现审美愿望,从而使进入生命之新境界的自然语言得到审美运用。构建设计语言的根本目的,不仅在于对设计艺术作品之寓意的客观陈述,而主要在于表现现实、表现人的精神实质以及促使受众对客体对象的审美接受。此外,设计语言是同设计作品的整体生命联系在一起的。这是因为,它只有通过创作过程,才能交融于设计作品本体之中,才能既具有本体意义又兼具载体的功能,从而扮演媒介和对象两种角色。另一方面,设计语言是理性与情感、主观与客观、目的与形式融汇、互动的结晶,因为它在自然语言的基础上最大限度地强化和突出了形象性与情感性的感性特征,使设计形态足以融汇在蕴含外在生命与内在精神的感性意象中。这样,这种总是直接诉诸感受的设计语言就只能成为客体变形性的反映,而不是或者不等于原本的客体——虽然不一定真实,却能让人感到这是一种具体的存在,而且还可以让人从中了解到创作主体对相关外在物态生命精神的审美体悟及独特感受。

当然,也有从其他角度来描述设计语言特性的。例如,舒湘鄂先生就从构成设计语言的不同学科语言成分的角度,对设计语言作了如下分析:“设计语言中同时包含着科学语言与艺术语言,这些特征呈现出一种自然联系的形态,但它们又分别发展了其中的部分特征:在设计语言系统中,科学话语表现为‘解说’性,直接穿透语言,准确地表达对象,保持着一种明确的旨意和严格的精确性,这使得设计语言具有认知性、概念性、逻辑性、精确性、目的性等特征。而设计艺术又充分发挥了情感性、形象性、表现性等感性特征,艺术话语中蕴含着设计作品的意味,它本身既是媒介又是对象。因而具有一定的语义密度和厚度,具有不透明性、歧义性和模糊性特征。”①

(四)

《设计语言学概论》一书的宗旨在于,从现代语言学角度系统扼要、深入而概括地描述设计语言。这不仅需要揭示其性质、特点、功能和结构层次,而且还需要分析其语义生成和运作的内在机制及表达方法,甚至思考设计语言进行交际的动机、特征、原则、手段、规律、言语行为、会话含义、语境等,所有这些研究内容都是设计语言学研究中的核心和关键问题,它们分散在构成设计语言的下述四大层次中。

1. 设计语汇层

研究设计语汇的学科范畴为“设计语汇学”。设计语汇又称“设计语料”,相当于自然语言(实用语言)中的词汇和短语,虽然它们远不如自然语言的词汇那么复杂、量大,但同样构成了设计语言的能指性表达系统,亦即设计语义信息的表达形式系统(与其所

① 舒湘鄂:《设计语义学》,湖北美术出版社,2001年,第13页。

指内容相对），主要包括点、线、面、形、色彩、肌理等造型元素，它们像各种建筑材料一样，是构成设计图形或形态的基础，通常称之为设计语言的表层语义结构成分。

由于自然语言中的词汇十分复杂而且数量极其庞大，所以在专门用来研究词汇和短语的学科中，除了研究词汇的性质、类型、组成、词义与概念的联系与区别、词汇的系统关系的“词汇学”（包括“描写词汇学”和“历史词汇学”）之外，还有描写和分析词的结构和构词规则的“构词学”，研究词的结构、词形变化及词类体系的“词法学”（亦称“形态学”），以及集中探讨词和语素的来源及历史演变情况的“词源学”。

相比之下，设计语言的语汇不但数量有限，而且也远比自然语言的词汇显得单纯得多。因此，有一个专门研究设计语汇问题的学科“设计语汇学”也就解决问题了。设计语汇学的核心内容主要反映在以下三个方面：①各种设计语汇的性格特征或视觉品质；②它们所蕴含的义素信息；③这些设计语汇所具有的审美造型功能。本书中的“设计语汇学”部分正是围绕这三个方面的基本内容而展开论述的。

2. 设计语法层

具有抽象性和稳定性的自然语言的语法，作为语言的结构方式和结构规则，是语言符号之组合规则与聚合规则的总和。而设计语言中的语法则是指设计图形或形态的构成法，或称设计艺术的造型法。它所研究的主要是组成设计作品的各种因素之间的关系问题以及造型的原则、规律、特点等内容。舒湘鄂先生在其论著《设计语义学》一书中指出，设计形态语言的语法层次“是事物运动的状态和方式，也就是设计行为的物态化的结果……这一层次只涉及事物运动状态和方式的形式关系，可以称为设计形态的语法，而语法回答的问题是，‘事物运动的状态和方式是什么？’也就是说，设计形态的语法构成是关于‘技术问题’，这还不是设计形态语言的全部。它解决了组成形态的各种因素的关系问题，而处于相对静止的设计形态并没有进入到运动的过程中去”①。为此，

① 舒湘鄂：《设计语义学》，湖北美术出版社，2001 年，第 95 页。

本书的“设计语法学”部分特意选择和归纳了下列足以反映设计语法基本面貌和特点的若干核心问题：①设计语法的基本要素（逻辑性意念要素、物质性视觉要素、理性认知要素、结构性关系要素及和谐性审美要素）；②设计语法的基本原则（重心与平衡原则、对比与调和原则、对称与和谐原则、统一与变化原则、节奏与韵律原则）；③常用的设计语法手段（近似、重复、渐变、发射、打散、分割、密集、变形、特异、同构、陌生化、解构、象征等）；④设计造型中视觉效应的营造法等。

3. 设计语义层

意义是语言中的表达方面（形式层面）所蕴含或指涉的具体内容，是客观事物在人类意识中的反映。设计语言中的意义（设计语义）自然是指设计图形或形态的内涵或寓意。“设计语义不仅是对形态的注释，即对人类生理感觉的反馈，更是对形态象征寓意的映射，即对已积淀了的人类文化精神的理解。设计语义应该是人类时代生存方式和文化艺术观念的整合，即艺术和科学的统一体，再也不可能被解释为两者中任何一个侧面。”[①]这样，就需要设置一个用来阐释设计作品之含义，亦即仅仅探讨设计符号之“所指”而不过多顾及设计语言使用者的学科——设计语义学。而设计语义学的产生是设计艺术学与语义学相互渗透、交叉和融合的结果，它是从设计文化角度对设计行为的意义的理论探讨，是用现代语言学理论对符号化的设计形态普遍联系的意义的阐释。

因此，在本书的“设计语义学”部分中，我们从以下五个方面对设计语义的核心内容进行概括性论述。首先，着重分析了设计语义问题、设计形态与意义问题、设计信息问题、义素分析问题、词义问题等；其次，对设计语义（包括理性意义、内涵意义、情感意义、联想意义、象征意义、语境意义、模糊意义等）作了分类介绍与阐释；第三，扼要地介绍、分析了设计含义问题；第四，对设计语言的语义结构成分作了概括性描述；最后，集中揭示了设计语义的内在运作机制问题。

通过对上述五个方面的分析与研究，应该可以大体上描绘出

---

① 舒湘鄂：《设计语义学》，湖北美术出版社，2001 年，前言第 1 页。

设计语义学的基本面貌了。

4. 设计语用层

语用学是一个相对年轻的语言学分支学科，也是同语法学及语义学密切相关的学科。这是因为：一方面，语法其实是语用规则的形式化；另一方面，语用学又是语义学家几十年前的“废纸篓”，即语义学遗留问题的“处理站”。在对语义的研究方面，语义学是语用学的基础，而语用学又是对语义学的补充。二者的不同之处主要在于，可以纳入语义理论并且抽象于使用之外的语言意义，是语义学研究范围；而语用学则主要是对“言外之意”（而非“字面意义”）的研究。概括地讲，语用学所针对的研究客体是语言符号与其使用者之间的关系问题，所涉及的是交际双方的言语行为和相关背景（语境）。不熟悉现代语言学的人一般都对“语用学”这个概念颇感陌生。实际上，语用学是专门用来研究“语言的运用及其规律”的学科领域，是对言语行为及其相关语境的研究，是对语言的使用和语言交际的研究。它要达到的目标是，使“得体”成为语言交际价值的最高体现，从而使听、说双方在意图的表达和领会上获得最佳效果。从这个角度来说，修辞学即为语用学的一部分。

而就“设计语用学”来说，其实我们平常所接触到的研究“图形创意”的部分内容原本就已涉及了设计语用学问题，只不过有些作者可能没有意识到，也可能未能强调其语用性质与功能罢了。例如，创作主体在创意设计作品时头脑中一定会考虑到：①作品所针对的是什么样的接受主体；②设计图形或形态的具体应用环境（时间、场合或时代、社会、宗教、民俗等）；③采用哪些具体表达手段，才能既吸引接受主体的视线，又可巧妙传达自己的设计理念和意图；④怎样处理和整合图形或形态，才更有利于接受主体的准确解读与把握；等等。这些问题所对应或体现的语用性内容包括设计语言交际的主体、设计语言交际的动机、设计语言交际的言语行为和会话结构、设计语言的交际手段、设计语言交际的合作原则和得体原则、设计语言交际的语境等。了解了这些基本内容，也就知道“设计语用学”是怎么回事，并且能够提高自己运用设计语言进行交际的自觉性了。

第一章 基本概念的梳理

1.1 语言

使用语言是人类区别于其他动物的本质特征之一。语言既是人类生命存在的基本形式,又是社会存在的基础和支柱,更是人类最重要的文化形式。没有语言,人类便无法组成社会。同时,作为一种特殊社会现象的语言具有明显的社会性特点,总是与社会互为依存、紧密相连,随着社会的发展变化而发展变化。

作为一种社会约定俗成的“音义结合的符号系统”的语言则既是信息的载体,又是传达信息的重要媒介;它既是人类形成思想的思维工具,又是人类交流思想的交际工具。就语言自身的结构而言,它是一种包括语音、词汇、语法、语义、语用等范畴在内的分层装置,且主要通过语言单位邻接性的组合关系和选择性的聚合关系进行运转。

语言的全民性特点表明,语言对于全体社会成员来说是共同的和统一的。作为一种全民性的财富,它没有阶级性,总是一视同仁地为每一个成员服务;而各成员又必须遵守社会的语言习惯,既无法享受特权,也无法进行垄断。

语言有口头语和书面语、自然语言和人工语言之分。

从符号学角度来讲,语言是一种符号系统,且在所有的符号系统中,语言符号最简便、最灵活、容量最大、效果最好,因而也最常用。语言是符号的集合(符号集)。在语言中,最小的符号是音义结合的最小单位——语素,可以自由使用的符号是词;而句子则是符号组装的成品,是符号的序列。

从以上分析可以看出，语言的本质主要体现在以下四个方面：①语言是一种社会现象，语言与社会是一种相互依存的关系：语言既依存于社会，同时又是社会存在的必要条件；而社会则推动着语言的发展。②语言是信息的载体，是传递信息的重要媒介，世上不存在脱离物质载体的信息。信息是由物质载体与语义共同构成的统一体，因此语言本身也是一种信息系统。③语言是人类重要的交际工具，因为只有语言才是人类社会不可或缺的、与人类社会生活各方面关系最密切的、能够使人充分交流思想情感的工具。④语言是人类的思维工具。思维和语言虽是两种各自独立的现象，但它们彼此形影不离、联系紧密。思维只有依靠语言才能成为现实的可感知的东西，而脱离思维的语言就只能是一大堆无意义的杂乱的自然声音。

1.2　自然语言

自然语言指人类历史上自然形成的用作思维和交际工具的符号系统，如汉语、英语、日语、俄语、阿拉伯语等。自然语言亦即日常实用语言，与“人工语言”相对，以共同语和方言为其基本存在形式，且有口头语言和书面语言之分。自然语言的生成、发展和变化同人类社会的发展和变化有紧密联系。

1.3　人工语言

指人们出于特定目的所设计出来的辅助性语言或代码系统，与自然语言相对。其中，有些是供人使用的所谓“语际语”，如世界语、国际语等，通常由几种自然语言的语法成分和词汇成分构成；有些则是专供计算机使用的所谓“代码系统”，如算法语言、公式翻译语言等。

1.4　设计语言

设计语言是设计图形或形态所呈现的视觉形象或符号体系，即符号化的视觉语言形式，属于符号型语言范畴。在艺术语言中平行于音乐语言、舞蹈语言、戏剧语言、影视语言、诗歌语言、相声语言、绘画语言等，同样是人类思想和情感的载体，其“母体”或基础同样是日常实用语言（自然语言）。设计语言由设计语汇、设计语法、设计语义和设计语用四大层面构成，是一种跨民族的国际性的无声语言，一种除语音符号或文字符号形式以外的既能存储又能传递的视觉语言形式。设计语言具有高度形态化与凝练化的性质，是使用功能与审美功能的高度统一。

具体地讲，设计语言是通过明确有序、既可储存又能传递视觉形态来传达思想、知识、情感等信息的图像符号系统，是由点、线、面、形、色彩、肌理等符号元素（设计语汇）构成的。它是设计艺术的创作主体通过对符号的挑选、加工、整合、转移等一系列创造程序汇集而成的既能指涉思想，又能释放情绪或情感，从而促成自己与接受主体（受众）之间语义信息顺利交流的特殊艺术语言形式。

1.5 元语言

元语言“又称‘纯理语言’、‘符号语言’，与‘对象语言’相对。指描写和分析某种语言时所使用的一种语言或符号集合。用汉语来说明英语，英语是对象语言，汉语是元语言；用英语来说明英语，英语既是对象语言，又是元语言。在辞书编纂和语言教学中用于释义的语句称元语言；在语言研究中为描写和分析语言成分特征所使用的一套符号和术语等，也属元语言”①。

1.6 综合语

与“分析语”相对的语言类型，其划分的依据在于语法结构的主要表达方式，而特点则是需要通过词本身的形态变化来表示词与词之间的语法关系（如俄语中的词形变化）。综合语包括古代语言中的梵语、希腊语、拉丁语和现代语中的阿拉伯语、土耳其语、德语、立陶宛语、俄语等。不过，不同语种所表现的“综合”特征，往

---

① 戚雨村等：《语言学百科词典》，上海辞书出版社，1993 年，第 42 页。

往有程度上的差异。此外,由于综合语同屈折语和粘着语的情况基本一致,故后二者常被视为综合语的两种类型。

1.7　分析语

"综合语"的对称。汉语、缅甸语、壮语等就属于分析语。这类语言的特点在于,词与词之间的语法关系无须通过词形变化来表示,而主要通过词本身以外的成分(虚词、词序等)来表示。在分化后的印欧语系中,日耳曼语族的英语和丹麦语、斯拉夫语族的保加利亚语、罗曼语族的意大利语和法语也属于分析语。当然,不同语种所表现的分析特征会有程度上的差异。

1.8　粘着语

"语言类型的一种。其特点是词依靠各种附加成分按照一定的顺序粘附在词根的后边表示各种形态。可见,这类语言的词形变化是通过把词缀'粘着'在词根上来实现的。具体地说,①没有内部屈折,它的语素几乎在任何情况下都不发生变化;②一个词缀只表示一种语法意义,每种语法意义也总是用同一个词缀来表示;③语素的结合不紧密,词根和词缀都有相当大的独立性,比较容易识别。属于粘着语的有阿尔泰诸语言、乌拉尔诸语言、班图诸语言以及日语、朝鲜语等。在不同的语言中,'粘着'特征在程度上有所不同。"①

1.9　孤立语

语言类型之一,别称为"词根语"和"无形态语"。这种类型的语言中,由于词不存在构形词缀,或者说不存在词的形态变化,所以词与词之间的语法关系就只能通过词序及虚词等辅助词来表示。孤立语可分为虽有构词但无构形的"词干孤立语"(如越南语)和构词、构形均无的"词根孤立语"(如古汉语)两种。此外,缅

① 戚雨村等:《语言学百科词典》,上海辞书出版社,1993 年,第 555 页。

甸语、苗语、壮语等也属于孤立语，但不同语种中的“孤立”特征的具体表现存在程度上的差异。

1.10 屈折语

语言类型之一。这种语言类型的基本特点在于词有丰富的词形变化。词在句子结构中的各种语法关系依靠词形变化来表达，或者说，词的形式主要依靠屈折变化来表示。而屈折变化又分为通过附加成分表达语法意义的所谓“外部屈折”和通过词根音变来表达的所谓“内部屈折”两种。具体地说，一个附加成分可能表示几种语法意义，而同一个语法意义也可能通过不同的词内附加成分来表达。印欧语系和闪含语系中的语言多半属于屈折语。不过，由于语种的不同，其屈折特征的表现也有程度上的差异。

11. 媒介语

“媒介语”是一种形式语言、中介语言，指对多种语言进行机器翻译所需要的一种对应的规则系统。它不同于一种语言同另一种语言之间的直接对应的规则系统。可以是人工语言，也可以是自然语言。媒介语的显著特点在于：①它的词和语法都是自然语言中所共有的；②只有句法而无词法，用词汇手段表示自然语言中词法体现的语法范畴；③句子可单义而精确表达形式语义；④只用一个符号代码来表示义素对等的同义词。

1.12 口语

与“书面语”相对，又称“口头语”，即口头交际用语，是语言存在的口头形式。口语是书面语产生与发展的基础。同书面语相比，口语具有如下特点：①口语的物质材料为语音；②具有不准确、不规范、粗糙等性质；③需要借助语境和身势语等辅助手段进行直接交际；④省略或简化的现象较多；⑤发展、变化较快，故创新成分较多。

1.13　书面语

“书面语”是在口语的基础上发展起来的一种语言存在的第二性形式，文字是其物质材料。它源于口语，同时又对口语的发展和规范产生重要影响。书面语的形成不但充实、完善了人类语言的社会功能，而且也扩大了语言在时间与地域上的流传。书面语的重要特点包括：①精确严密，利于规范；②发展、变化迟缓，故创新成分较少；③具体使用过程中，长句和复句出现的频率较高；④由于主要用于间接交际，依赖语境成分的现象较少，所以省略及简化现象不多；⑤书面语发展、变化的基本趋势在于同口语基本统一、相互转化、共同发展。

1.14　言语

索绪尔把人们的言语活动区分为语言和言语，认为“语言是一种表达观念的符号系统，言语则是个人意志和智能的行为；前者是社会的、主要的，后者是个人的、从属的和多少是偶然的，二者紧密相连并互为前提：要使言语为人们所理解并产生实际效果，必须有语言；要使语言能够建立，也必须有言语。言语在现时一般指语言的使用。从动态说言语是一种活动，即人们使用语言进行表达（说、写）和理解（听、读）的行为；从静态说言语是前者的结果，即人们在表达时产生的言语作品（话语）。言语存在有两种主要形式：①口头形式或口语；②书面形式或书面语……语言学界对言语有不同理解”[①]。总之，索绪尔将人们的言语活动分为“个人性的”和“社会性的”两个部分。其中，个人性部分指言语，主要指个人说出的话语，是一种心理物理现象、一种具体的语言实践活动；而社会性部分指语言，是一种社会心理现象、一套支配言语行为的系统规则。

---

① 戚雨村等：《语言学百科词典》，上海辞书出版社，1993 年，第 271 页。

1.15 话语

在日常生活中，话语指人们所说的话和讲出的言语。在语言学中，则指"连贯性话语"，包括对话片断、超句统一体、段落、篇章等这些超越句子结构规模的语言结构。它们其实都是在言语交际中由语言成分所形成的具有传递信息功能的言语作品。这些"超句语言结构"或"话语连续体"通常具有"话段"（口语组成部分）和"文段"（书面语组成部分）这两种表达形式。

话语是语用学和话语语言学的主要研究内容之一。

1.16 语言层次

语言是一种具有层次性的东西，或者说，语言系统是一种分层构造装置，语言层次就是语言系统的这种构造层级。其中，位于高层次的语言单位（语言系统的结构成分）通常都由低一级层次的单位依据特定规则组成。一般将语言系统划分为语音层、词法层、句法层、语义层和语用层。不过，由于不同学者或学派对语言本体认知不同，描写语言的标准及方法各异，所以还存在诸多不同的划分语言层次的方案。此外，语言单位是与语言层次密切相关的重要因素，每一层次的对象几乎都是该层次的单位及其相互关系。

1.17 语言运用

"指人们在具体语境中对语言的实际运用，即使用语言的具体行为或实际说出的话语。与'语言能力'相对。以语言能力为基础，并受其支配。但实际的语言运用还受到其他非语言因素，如记忆限度、精神涣散、注意力和兴趣转移的影响，因此人们在说话中有时会出现错误。实际的话语能够作为直接观察的对象，表现为原始的语言素材。为了说明语言能力，必须以语言运用中得到的语言事实为基础，但又必须在排除了各种非语言因素影响的理想条件下,它才是语言能力的直接反映。"①

1.18 语言能力

与"语言运用"相对,语言能力指交际中说、听双方掌握语言知识的水平,如既能判断句子的正确性,自然地说出适合交际语境的话语,又能准确地解读对方所说的每一句话。

"语言能力是对语言运用的抽象,是排除了实际使用中记忆限度、精神涣散、注意力和兴趣转移等一切非语言因素的理想化产物。它与语言运用的不同在于:前者是长久的,后者是瞬时的;前者是内在的,后者是外显的;前者与人脑中相应的子系统——语法有关,同一语言社团成员的语言能力几乎是相同的,后者与语言内外众多因素交织,因人因时因地而异。"②

1.19 语言的间接性

语言的间接性是语言的诸多特性之一。这一点突出表现在言语交际中。在许多情况下,交际中的说话方常常不是非常直接地说出想说的话,以便坦率地亮明自己的真实意图,而总是通过某种方式间接地表达出来,或是通过委婉、含蓄、拐弯抹角的手段,或是利用释放言外之意的表达方式。这种现象就是语言的间接性。

语言的这种间接性,是语言的形式与功能的不一致所导致的。此外,"语言的间接性也可以从语言的字面意义和语言的话语意义之间的关系去解释……话语的字面意义和说话的真正意图并不总是一致的,人们常常通过言外之意、弦外之音含蓄、婉约地表达自己。这方面最明显的例子莫过于讽刺、比喻、夸张等修辞手法……"③

---

① 戚雨村等:《语言学百科词典》,上海辞书出版社,1993 年,第 456 页。

② 《辞海》缩印本,上海辞书出版社,2010 年,第 2325 页。

③ 何兆熊:《语用学概要》,上海外语教育出版社,1989 年,第 107 页。

1.20 语音

语音是语言的物质载体或称物质外壳，是自然语言的表达方面，是语言存在的形式，也是其实现社会功能和历史发展的物质基础。语音是发音器官各部分协同动作所产生的结果，因而具有生理属性；此外，因其具有一系列音响特点——强弱、长短、高低及不同的音质等，所以具有物理属性；而人们能够感知语音，又说明语音具有心理属性。与语音的发出、传递、感知这三个环节所对应的生理、物理、心理三种属性，统称语音的自然属性。语音的社会属性则指它可以作为交际工具所具有的那种社交实用性。

音素是语言中最小的语音单位，是从语流（成串的话语）中切分和归纳出来的，可见：①语音通常都存在于语流中；②音素是有声语言的最基础的无法再继续切分的单位。

音素可分为元音和辅音两大类。用以记录音素的标写符号称为"音标"。国际音标是一套用于各种语言的音素的标写符号，一个音素仅用一个音标表示，同时一个音标也只能表示一个音素。

语音是语言结构系统中一个层面，它同意义紧密结合在一起。语言中的任何单位——词素、词、词组、句子等所具有的意义都必须通过语音来表达。也就是说，对思想、感情等语义内容来说，语音是其表现形式，人们不仅需要凭借语音来感知和传递并在大脑中处理各种语言信息，而且需要通过语音来学习和掌握语言。

不同语言中语音的成素及其组合、变化各不相同，所以语音就具有民族独立性；具体语言的语音成素之差别、组合和变化，除具有相应的规律性以外，还构成该语言的语音系统，从而使语音具有了系统性。

音、重音和语调合称"语音材料"，而音、音节、语音词、语段和语音句则为层次不同的"语音单位"。较高层次的语音单位包含了较低层次的单位，而较低层次的语音单位组合成较高层次的单位。

"音素"同"音位"的主要区别在于，音素是语音的最小单位，而音位则是一种语言或方言中具有辨义功能的最小的语音单位。

1.21 语音学

语音学是语言学中专门研究语音问题的分支学科。其基本任务在于,“从生理发音、物理音响及社会功能(音义关系)等方面考察语音存在和发展的规律,主要包括:语音的构成、分类、组合、变化以及表音文字中有关语音单位及语词等意义单位的书面表达。在传统的语文学中,语音研究一直包含在语法学中,主要研究字母读音及其变化与意义的关系。直到19世纪才随着语言学的独立发展而成为一门独立学科。按研究范围的不同而分为探索有关人类语言语音方面普遍性问题的普通语音学和以一种或几种语言的语音为对象的具体语言的语音学;后者又按任务的不同而分为研究语言某一时期语音静态状况的描写语音学或共时语音学,研究语音历史演变的历史语音学或历史比较语音学,研究不同语言之间语音异同的对比语音学。此外,以仪表器材为测试手段的语音研究称为实验语音学;分别从物理方面、生理方面和心理方面对语音的研究,则依次称为声学语音学、发音语音学和听觉语音学。按社会功能把语音成素作为语言信息载体的研究,称为‘音位学’或‘音系学’,其研究领域正不断开拓和深化中”①。也就是说,音位学是在深刻认识语音的生理、物理、心理等特性的基础上从语言的社会功能的角度对语音的研究。这种研究所涉及的是语言本身的构造。

1.22 语法

语法又称“文法”,是语言系统的组成部分之一,是体现人类思维高度抽象化结果的语言的结构规则。而不同语言单位之间的关系,是实现语法抽象的依据。各种语言的语法所具有的共同特点在于具有规则性、条理性、民族性、抽象性、概括性和相对稳定性。虽然任何语法规则并不表达具体事物,但它们都由具体的词汇和

① 戚雨村等:《语言学百科词典》,上海辞书出版社,1993年,第452页。

语句抽象、概括而来，所以“每条语法规则都支配着一大群词或句子，能使无数的词和句子系统化、条理化，人们才能按为数有限的语法规则来构词造句，相互交际”①。

语法由词法（包括词的构成方式及形态变化）和句法（包括词所构成的短语及词和短语组成的句子结构）两大部分组成。上面提到的语法的稳定性也就是语法的保守性，即使它有所发展或变化，也往往具有自发的倾向，很难符合人们的主观意志。其中，词法的发展着重反映在构形法和构词法的变化以及语法范畴的消长和词类的发展方面；而句法的发展则主要反映在语序的改变、句子结构层次的复杂化、句型的增加以及表达句法结构的各种语法手段的消长等方面。

此外，语法是语言符号的组合规则（由语素组合成词及由词组合成句）和聚合规则（适应组合规则需要的各种分类规则）的总和。

1.23 关系语法

“关系语法”是美国学者珀尔玛特等在转换生成语法的基础上于20世纪70年代创立的一种语法理论，强调语言分析的核心概念不是名词短语、动词短语等范畴标记，而是主语、直接宾语、间接宾语等语法关系。关系语法通过一套独特的符号和公式着重探讨“名词—句子关系”、“修饰语—名词关系”、“语义关系”和“照应关系”，认为只有以语法关系为主要对象进行考察，才能发现各种自然语言的共性和差异，才能说明自然语言各类语法结构的特征，从而为具体的语言建立详尽的语法。

1.24 功能语法

“功能语法”是强调整个语言或语言某个方面功能的语言理论的统称。大致可分两类：①以自然语言的功能观为基础，着重语言

① 陈长茂：《基础语言学》，河南大学出版社，1986年，第28页。

在交际中的作用，通常区分为三种不同的功能层次：语义功能层次、句法功能层次和语用功能层次；②以语言成分在结构中的功能关系为基础，研究一个语言成分在话语中所起的作用，如名词可充当句中的主语、宾语，形容词可充当定语，等等。①

1.25　层次语法

"层次语法"是美国学者兰姆于 20 世纪 60 年代创立的派生于结构主义的语言理论。他认为，作为一种代码（发话人编码，听话人解码）语言，是音、义相结合的关系系统，是人们通过语音传达概念从而进行交际的工具。层次语法的任务在于，在分析语言代码系统的内在结构关系的基础上，反映出人脑中的信息关系。而语音与概念之间的非直接联系需要经过若干层次加以联结。每种语言至少要有四个层次，英语有六个层次：音系的音位层和下音位层，语法的词位层和语素层，语义的上义素层和义素层。语言的基本关系包括：①配列关系：处理横向平面上语言单位之间的关系（整合层次单位的排列方式）；②体现关系：处理纵向平面上语言单位之间的关系（含交替性、符号性和结合性三种类型）。语言中的一切均以关系为中心。②

1.26　转换生成语法

"转换生成语法"简称"转换语法"或"生成语法"。"形成于 20 世纪 50 年代，创立者是美国学者乔姆斯基。他以集合论为基础，认为每种语言都是句子的无穷集合。语言分析的目的在于发现人的内在能力中普遍性和规律性的东西。这种意义上的语法必须说明一种语言中可能有的句子以及操本族语的人凭语言直观判断这些句子是'正确的'句子的原因。乔姆斯基认为，语法知识是人脑的认知系统之一。生成语法的发展大致可分为两大阶段：早期的研究是建立和完善语法规则系统，包括语类（范畴）、转换、

① 参见戚雨村等：《语言学百科词典》，上海辞书出版社，1993 年，第 104 页。
② 参见戚雨村等：《语言学百科词典》，上海辞书出版社，1993 年，第 288 页。

音系、句义4个小系统。70年代后的研究方向是建立语法原则系统以说明和解释人们的语感，提出一系列各种语言中普遍存在的原则，排除违反原则的句子，使生成的句子都是合格的。80年代中期，乔姆斯基又提出'语障'说，指明管辖和移动的共同条件。"① 总之，乔姆斯基"试图通过递归功能的原理说明，用有限的规则生成无限的句子的事实。在这一理论中，转换是必要的操作过程，生成是语法的根本属性。语言是句子的无限集合。创造性是语言的本质属性，它是由语法的生成性所决定的……"②

"乔姆斯基创立的转换生成语法的重大贡献在于，把语言学研究的重点从传统的、对语言现象的描写与分类，转移到对人们使用语言的心智的研究。他的学说致命的弱点在于忽略了含义在语言结构中的主导作用……没有考虑语义和语用因素，主张句法自主。"③

1.27 语义

语义指语言单位的内容方面，是语言单位在具体语境中所具有的意义，或者说，是人们对形式系统中各种符号所作的解释。语义或意义的实质在于，它是与各种符号相联系的客观事物、现象等在人类意识中的反映。"设计语义"指设计图形或形态所蕴含的意义，由外延意义（概念意义）、内涵意义和模糊意义组成。其中的内涵意义又包括联想意义、情感意义、象征意义、语境意义等，它们都是外延意义的辅助性附加语义成分，本身不能独立存在。

1.28 语言学

语言学是19世纪上半叶建立的研究人类语言的一门现代科学，具体研究语言的内部结构、历史发展状况、本质、特征和规律。语言学可从不同的角度区分为普通语言学和具体语言学、理论语

---

① 《辞海》缩印本，上海辞书出版社，2010年，第2526页。
② 戚雨村等：《语言学百科词典》，上海辞书出版社，1993年，第317页。
③ 周瑞敏：《诗歌含义生成的语言学研究》，中国社会科学出版社，2009年，第52页。

言学和应用语言学、共时语言学和历时语言学、微观语言学和宏观语言学、比较语言学。语言学由音位学、词汇学、语法学、语义学及语用学五个分支学科组成。随着20世纪语言学的迅猛发展,以及它对其他人文学科的影响,一系列学科之间相互渗透、融合的交叉性边缘学科逐渐产生,如哲学语言学、社会语言学、文化语言学、心理语言学、诗学语言学、设计语言学等。

1.29　普通语言学

普通语言学是研究人类语言之基本特点和规律的语言学分支学科,兴起于19世纪,奠基人是德国的卡尔·洪堡。普通语言学同以各种具体语言为研究对象的"具体语言学"或"个别语言学"(如英语语言学、汉语语言学、俄语语言学等)相对,又称"一般语言学"或"理论语言学"。

普通语言学的主要研究内容包括:人类语言的本质、起源和发展;语言的存在形式、内部结构、特点和功能;语言各组成部分(语音、词汇、语法、语义)的基本特征和规律;语言学研究的部门、派别和方法;语言学在整个科学体系中的地位;等等。

对各种具体语言的研究是建立普通语言学的基础及其理论概括的客观依据,而普通语言学所确立的理论原则和取得的研究成果,又反过来指导具体语言学的研究工作。

1.30　社会语言学

社会语言学是20世纪50年代开始在美国兴起的一门边缘性学科,是运用社会学的理论观点和方法联系社会研究语言现象的语言学分支学科。由于社会语言学的研究能够在标准语的选择、文字的制定与改革、语言政策和计划的拟定、语言教学与研究等方面,为一个国家或民族提供依据和指导,所以有人又称其为"语言社会学"或"宏观社会语言学"。社会语言学包括普通社会语言学、具体社会语言学、应用社会语言学、对比社会语言学等分支学科。

社会语言学研究的方法论主要体现在如下几个方面:①语言研

究应当放在人类社会大背景中联系相关社会因素进行；②对民族语言的研究应当联系该民族的文化习俗进行；③社会语言学的研究应以语言的外部关系为依据，分析、比较言语活动及其在不同语境条件下的各种功能；④社会语言学的具体研究方法有实地考察、数学分析、实验室定量定性分析、对比研究等。

社会语言学把语言看作一种社会现象，视言语交际为人类的一种行为方式，研究语言的社会本质与差异，语言结构变异同社会结构变异的对应关系及因果关系，语言在社会语境中的结构和应用情况，语言在各种语境中的变体、地域变体、社会变体、多语及双语现象，语言与民族、种族、阶级、阶层、文化、年龄、性别等因素的关系，人们在不同语域的语码转换，特定国家或地区的语言状况、语言政策，等等。而在处理言语与语言、功能与结构、语境与信息、言语的得体与任意性这些关系方面，社会语言学所强调的着力点均为它们的第一项：言语、功能、语境和言语的得体。

1.31 心理语言学

心理语言学是20世纪50年代兴起的一门边缘学科，是用语言学和心理学的理论观点和心理学的实验分析方法研究语言现象的学科。心理语言学是工程心理学、航空心理学、宇宙心理学的组成部分。其基本内容包括：语言的起源；人类掌握和使用语言进行思维和交际的心理过程、机制及规律；人的语言机制和语言能力；语言同思维的关系；语言运用的模式；语言的编码和解码；语言结构和语义的储存与记忆；句子中词与词之间的语义关系；人脑如何处理各种不同的句子。因此，心理语言学的研究成果常用于失语症或语言障碍的诊治、宇宙心理语言的研究、外语教学和母语启蒙教学的研究、罪犯言语特点的分析等许多方面。同心理语言学相关的学科有语言学、心理学、人类学、社会学、教育学等。

心理语言学的研究从20世纪50年代至80年代，经历了三个发展阶段：第一阶段（50年代初至50年代末）根据行为主义心理学理论研究语言的编码与解码；第二阶段（50年代末至60年代后期）根据乔姆斯基的理论研究人类运用语言的过程；第三阶段（60

年代后期起至80年代）转向了对语言句子中词与词的语义关系的研究。

1.32　文化语言学

“文化语言学”是“研究语言与文化之间的相互关系，着重结合文化因素解释语言现象的新兴学科。20世纪80年代在中国建立。罗常培的《语言与文化》（1950）一书起了倡导作用。它与西方人类语言学有共同点，但历史背景、学术传统、社会基础和研究目的等均有明显差异。与社会语言学、民族语言学、民俗语言学和跨文化交际学等学科也有联系和区别。文化语言学反映了中国悠久的民族文化传统，从不同角度探讨语言和文化的关系。有从文化到语言、语言到文化的双向研究；有以文化为背景解释语言现象；有着重考察汉语方言与中国文化的关系；有立足于对汉语和汉文化的全面认同，视语言为文化的形态，等等”①。

其实，从广义上说，20世纪60年代在苏联兴起的所谓“语言国情学”（着重研究、考察词语的文化现象或语言现象的文化背景知识；包括语言文化学取向和跨文化交际学取向）学科，就属于文化语言学范畴。

1.33　认知语言学

“认知语言学”是依据认知科学的理论观点，于20世纪80年代在欧美兴起的新的语言学分支学科。认知科学是从人类的认知角度，运用人脑智能系统之信息加工的工作原理分析语言现象，探讨认知与语言的关系，从而说明语言乃认知的产物。而处于语言功能研究之前沿的“认知语言学”则视语言为一种认知活动，并从认知角度来探讨语言的形式、意义及其各种内在规律。

认知语言学认为，①“语言的基本功能不是其交际功能，语言是存储信息和处理信息的必需工具。按照认知语言学的观点，语

① 《辞海》缩印本，上海辞书出版社，2010年，第1976页。

言知识和非语言知识是难以区分的,语言的产生是对世界认知的结果,是以认知为基础的;语言的运用和理解的过程也是认知处理的过程。所谓语言知识,只不过是关于世界的知识固化于语言符号而已。认知语言学要研究同语言运用有关的认知系统、认知结构、认知过程以及语言信息的合成、转换与重建。"[1][2]"所有语言结构都是符号工具,不管是从最小的词素还是到复杂的结构,都是用来传达意义的。语言中的主要区分不是句法和语义的区分,而是语言符号和其交际功能、所指与能指在形式与功能、符号与意义上的区分。"[2][3]语法从本质上说,是符号性质的,而且是从使用中产生的。语法是由基本词汇单位合成的不含隐性层的单层结构体,不同结构之间的语义值也不同,且不存在转换的关系。

此外,由于语境因素直接影响到语言的使用与理解,所以认知语境便成为认知语言学所关注的核心问题之一。认知语言学强调,"交际行为中话语推理的过程,就是认知环境中旧信息和交际过程中的新信息相互作用的过程。当交际双方的认知语境中显映的事实或假设相同时,就产生认知语境的重叠,这种重叠的部分组成共同认知语境并再次催生新的互相显映。而交际是否成功的关键,就取决于认知语境中的显映能否变为互相显映,这就意味着互相显映是成功交际的基础"[3]。

1.34 设计语言学

设计语言是设计图形或形态所呈现的一种符号化视觉语言形式,是一种特殊的表意符号系统。研究这种语言的学科即为"设计语言学"。它是设计艺术学与现代语言学相互交叉、融合而成的边缘性学科,也是设计艺术学中平行于设计哲学、设计美学、设计心理学、设计符号学、设计信息学、设计文化学的分支学科之一。

设计语言学由设计语汇学、设计语法学、设计语义学和设计语

---

① 转引自王冬竹:《语境与话语》,黑龙江人民出版社,2004 年,第 40 页。

② 周瑞敏:《诗歌含义生成的语言学研究》,中国社会科学出版社,2009 年,第 53 页。

③ 王冬竹:语境与话语,黑龙江人民出版社,2004 年,第 41 页。

用学四个分支组成，具体研究内容包括：设计语汇的视觉品质（即性格特征）、语义信息能量和审美造型功能；设计语法的基本要素、原则、手段及图形或形态视觉效应的营造；图形或形态意义的分类、设计语义的结构成分、语义运作机制；设计语言交际中的动机、言语行为、会话结构、会话含义、原则、手段、语境。

具体来说，设计语言是通过明确有序、既可储存又能传递视觉形态这一特点来传达思想、知识、情感等信息的图像符号系统，是由点、线、面、形、色彩、肌理等符号元素（设计语汇）构成的。它是设计艺术的创作主体通过对符号的挑选、加工、整合、转移等一系列创造程序汇集而成的既能指涉思想、又能释放情绪或情感，从而促成自己与接受主体（受众）之间语义信息顺利交流的特殊艺术语言形式。

此外，设计语言既具有解说性、指意性、目的性、认知性、准确性、逻辑性等科学语言的特征，同时也具有表现性、形象性、情感性、多义性、模糊性等艺术语言的特征。

1.35　模糊语言学

“模糊逻辑”、“模糊数学”、“模糊语言学”等都是基于美国学者查德的“模糊集”思想观点而形成的新的学科。众所周知，在人类所使用的语言中始终存在着一种表达模糊概念的词语或语言成分。它们的外延具有明显的不确定性、相对性和模糊性，而且由于不存在确切衡量它们的客观标准，因此人们很难判断出它们的精确边缘之所在，如表示昼夜时段之划分的词语：“早晨—上午”“下午—傍晚”“晚上—夜间”；表示人生不同年龄段的词语：“儿童”“少年”“青年”“中年”“老年”等；表示程度差异的词语：“高—低”“厚—薄”“快—慢”“胖—瘦”“深—浅”“宽—窄”。上述这些词语所表达的均属于体现相对意义的模糊概念。而且，在许多情况下，这些模糊词语的界限还会受到各种语境因素（时代、地域、政治、经济、文化、习俗等）的影响或制约。总之，这种运用模糊理论研究语言现象的学科就是所谓的“模糊语言学”。对“模糊语言学”的研究同词汇学、词源学、词典学、修辞学等学科都有着紧密的联系。

1.36 语法学

语法学是语言学中研究语言的结构法则、语法单位的功能及其存在和发展规律的分支学科。语法学通常包括两个部分:①研究词的变化规则、构词规则、词类划分等问题的"词法学";②研究词组及句子结构规则、句子成分和句子分类等问题的"句法学"。根据研究角度的不同,语法学可分为从历时角度分析语法结构的"历史语法学"、从共时角度分析语法结构的"描写语法学"以及分析亲属语言语法结构之间关系的"比较语法学"。此外,还可依据研究方法的不同,将语法学分为"传统语法学"、"结构主义语法学"、"转换生成语法学"、"功能语法学"等。

1.37 语义学

语义学是语言学中集中研究语言意义问题的分支学科,亦即对语符释义的专门性研究。语义学的研究范围,小到微观层面的义素、语义场,大到词义、句义乃至篇章语义等。语义学对自然语言语义所进行的研究内容包括语义特征、性质、内在结构、发展和变化规律、语义之间的关系等。而这正好体现了现代语义学研究的下列显著特点:"从以词为中心的语义研究扩展到研究句子和话语的意义;运用义素分析法,深入到语义的微观层次;引入命题、预设、蕴含等概念,进一步分析语言单位之间的意义;借助现代逻辑学和数学的手段,使语义研究形式化;开展语法、语义和语用的综合研究。"①

1.38 设计语义学

设计语义学是设计艺术学与语义学交叉、融合产生的边缘性学科,是用现代语言学的观点,从一种新的设计文化的角度对设计行为和相关作品意义的理论性阐释,是对形态化或符号化的设计

---

① 戚雨村等:《语言学百科词典》,上海辞书出版社,1993 年,第 448 页。

语言之语义的研究，亦即对设计语言的外延和内涵的深入研究。

在设计语义学的具体研究对象中，不仅包括设计语言的外延意义（即概念意义或理性意义），而且还包括内涵意义；不仅包括其能指性的表达系统所直接呈现的语义，而且还包括意象、意境、语境等所体现的隐含性语义；不仅包括具有感性视觉形象的物化的设计形态，而且还包括观念、精神传统、文化内涵等这些无形性的语义元素。

1.39　语用学

语用学是语言学中起步较晚但发展迅速的一个分支学科，着重从语言使用的角度分析语言现象。具体来说，语用学主要研究语言符号与其使用者或解释者之间的关系问题，不仅探讨语言如何被运用于交际，而且还研究语言交际的各种规律，其中包括言语行为、会话含义、会话原则、会话结构、预设、指别成分、语境等。

设计语用学则是专门研究设计语言交际的特点与规律的学科。因为设计艺术的审美创造与接受活动本质上就是一种持续运作的对话性交际行为，设计师与受众之间的对话性关系从设计艺术产生之日起就已经存在了。广而言之，只要有"理解"活动的存在，就是一种对话性的交际行为。这样，设计语用学对设计语言交际的研究，自然也就涉及交际主体双方的言语行为、交际动机、手段、会话含义、会话原则、语境等核心内容。

1.40　外延意义

外延意义又称"概念意义"、"理性意义"、"认知意义"，是语义学中相对于"内涵意义"的意义类型。在自然语言中指词的词典意义，即语言单位所反映的人们对客观事物或现象之本质特征的认识。因此，作为一种较为稳定的客观指称意义，外延意义所反映的其实是语言单位与客观事物或现象之间的联系。外延意义的基本特点在于：①具有稳定性，可单独存在，且对它的理解不可能因人而异；②具有确定性，被固定地收录在词典里；③总是随着客观事物或现象的发展变化而发展变化；④可被分解为若干语义成分。

1.41 内涵意义

与“外延意义”(概念意义)相对,内涵意义是从具体语境中获得的一种暗示性意义。内涵意义受事物或现象的本质特征所制约,是语言单位所反映的人们对客观事物非本质特征的认识,或者说,是语言单位通过所指事物传递的意义,带有主观联想的性质,发挥着表现词义的附加色彩(如形象色彩、情感色彩、语体色彩等)的作用,实际是附加在外延意义之上的一种朦胧的补充性意义。内涵意义通常包括联想意义、情感意义、象征意义、语境意义等,它们的共同特点在于:①不能单独存在,只能起作为附加性语义成分的作用,而且因人而异;②具有不稳定性,总是处于开放性动态变化状态;③不同民族语言中某些词的内涵意义可能相同,如“狐狸”→“狡猾”。

1.42 能指

如同“语言”和“言语”一样,“能指”和“所指”同样是索绪尔创用的另一对二元对立概念。索绪尔认为,在由音响形象和概念组合而成的语言符号这种双面性的心理实体中,能指作为所指的对称,是语言符号表达形式的方面,亦即语言符号的音响形象——词的声音形式。就设计语言而论,其能指形式系统由点、线、面、形、色彩、肌理等这些设计语汇组合而成,是设计语言符号直观呈现的形态,既具有物性特征,同时又蕴含着义素信息能量,因此能够将其所指显示出来。

1.43 所指

与“能指”相对,所指指语言符号单位的内容方面,亦即词所表达的意义或概念。具体到设计语言中,所指就是内在于能指中、离开能指便无法自我呈现的那些寓意。设计语言中,通常由两大能指系统来实现语义的表达功能:①基础性符号能指系统(物性能指层),如点、线、面、形、色彩、肌理等;②整体呈现性能指系统,如设计图形或形态。

1.44　共时

“共时”与“历时”是索绪尔创用的一对语言研究中的方法论概念。他强调共时性研究，认为对任何系统的研究都需首先着重于共时性的分析，亦即对相关系统内部各因素之间共时存在的关系的研究。“共时”是“历时”的对称，指排除语言系统的历史研究情况，而集中分析、描述其在历史某一阶段（或长或短的特定时限内）所处的相对静止的状态。

1.45　历时

历时与“共时”相对。它所针对的是语言系统在历史发展过程中的动态性变化状态。历时性研究就是从语言系统的演变进程着眼，把前后相互连续的因素连贯起来，分析其所有与变化有关的现象。因此，历时语言学就总是对语言在较长历史阶段发展、变化过程的研究。

从实质上说，共时与历时是密切相关的：历时是一个个共时积累、组合的结果，而共时又总是寓于历时之中，任何共时状态无不显示出过去变化的各种各样的印迹。

1.46　组合关系

组合关系“又称‘配置关系’、‘句段关系’。语言单位与语言单位前后连缀起来所形成的关系，为组合关系……组合关系按一定规则构成；不同的成分可以构成相同的组合关系……同样的组成成分，也可以形成不同的组合关系……组合关系是语言单位在一定系列中先后连接的横向关系，换言之，是‘……和……和……’的关系，从逻辑意义上说，它们是互相联结的组合关系在线性特点的基础上建立的，排除在同一时间内发出两个语言单位的可能性，这种关系是同现和先后序列的关系。处于组合关系中的语言单位在现实的系列中出现，它们在言语过程中才实际表现出来，而在语言系统中，它表现为某个语言单位的潜在结合能力。因此，每个语言单位都处在既能跟别的单位替换（聚合关系），又能跟别的单位结合（潜在的组合关系）的关系之中。组合关系的概念广泛地运用于语言构造的各个层次上”①。

1.47 聚合关系

聚合关系“又称‘类聚关系’、‘会同关系’。可以出现在一定组合中相同位置上的各语言成分所具有的类聚会同关系……处于聚合关系中的语言单位可以互相替换，单位之间的关系是纵向关系，换言之，即是‘……或……或……’的关系，从逻辑意义上说，它们是互相排除的……聚合关系在对立原则的基础上建立，构成同一类别成分之间内部的关系。这是一种潜在的关系，要从大量实现了的组合关系中去概括……处于聚合关系的语言单位是存在于人们的意识中的，它们在相同位置上进行互换，可以使同一结构获得不同的含义。聚合关系的概念广泛地适用于语言构造的各个层次……这样，人们就能根据特定的具体内容在记忆中选择合适的语言单位，表达自己的思想”②。

1.48 语境

语境即言语环境，是使用语言或发生言语行为时所处的具体情境。语境是语用学核心研究内容之一。语境通常由以下三种因素组成：①上下文、前言后语、身势语、语调等所谓“语言因素”；②言语交际的时间、地点、场合和双方的性别、年龄、性格、文化修养等所谓“情景因素”；③民族、社会、时代、政治历史、文化、宗教、习俗等所谓“文化背景因素”。可以说，一切言语交际活动都离不开作为其特定背景和客观条件的语境。因为言语交际总是跟语境联系在一起的，语境既作用于语义的生成，同时也作用于语义的解读；既有助于克服歧义，又可以矫正所引起的误解。

---

① 戚雨村等：《语言学百科词典》，上海辞书出版社，1993 年，第 368 页。
② 戚雨村等：《语言学百科词典》，上海辞书出版社，1993 年，第 634 页。

1.49　语体

语体，即语言的社会功能变体，是出于交际的需要，运用语言材料和表达手段长期形成的语言功能变体，或称语言特点系列，所以又称"功能风格"或"文体"。语体是语言交际在历史发展中的生成物，对人们的语言交际活动有制约作用。语体随着历史的发展变化而发展变化，但在一定的历史阶段具有相对的稳定性。

作为具有一定功能风格的语言表达体式，语体可区分为不同的类型。首先分为口头语体和书面语体两类。书面语体又分为科技语体、文艺语体、政论语体、公文事务语体等类型。不过，由于各种语体之间往往存在着某种交叉、融合的现象，所以区分语体的界限只能是相对的。

1.50　义素分析

义素又称"语义成分"或"语义特征"，是词的最小的语义元素，也是语义的基本单位。义素分析是一种分析词义的方法，亦称"语义特征分析"，即把词义分解为若干语义元素：或是将语义相关的一组词加以对比，从中提取它们具有的共同语义特征；或是依据非此即彼的对立关系，将词义切分为最小的对立成分，进而对语义的相互关系作出描述。

虽然义素分析具有一定的主观性，但它具有多重现实意义：①在比较和确定词义的情况下，有助于准确地把握语义的区别性特征；②有助于明确词义结构，区分出上义词、下义词、同位词、同义词、反义词、近义词等；③有助于通过少量义素实现对大量词义作形式化的描写；④有助于揭示多义词各词义之间的联系和义素的异同；⑤有助于显示词与词的搭配在语义上受到的限制；⑥为机器翻译及人工智能活动提供了方便。

1.51　上下义现象

上下义现象又称"语义包含现象"或"语义从属现象"，是一种表示概括性上位概念的词,包含表示具体性下位概念的词的语义现象,或者说,是一种表示具体性下位概念的词,从属于表示概括性上位概念的词的语义现象。例如,在“生物”、“动物”、“植物”、“微生物”这一组词中,“生物”显然是后三者的上位概念,是上义词;而“动物”、“植物”和“微生物”则是“生物”的下位概念,是下义词。这样,它们之间就存在着一种词义的上下义的关系。

然而,上义词和下义词又是相对而言的,如“动物”是“生物”的下义词,但它同时又是“飞禽”和“野兽”等的上义词;同理,“重工业”是“工业”的下义词,但它同时又是“电力工业”、“冶金工业”、“石油工业”、“机器制造工业”等的上义词。

1.52 符号的任意性

在语言符号的所有特性中,其音、义最初结合时几乎都是无理据的、偶然性的,这一点是最为重要的,也是索绪尔特别强调的。显然,这里所谓“符号的任意性”并不指个人使用语言符号的现象,而是针对一个言语团体当初创造语言符号时的情况而言。这种人为创造的符号一旦在该言语团体中推广开来,或一经为大家所公认、所共用,它就会成为该言语团体约定俗成的社会准则,从而便对每个使用它的人具有了不得变更的强制性,而这时的符号本身也就不再具有任意性特点了。不过,符号之能指与所指的结合,可能会随着时间的流逝而发生某种变化。

1.53 代码

代码指表示信息的符号组合或约定的符号规则,广泛运用于符号学、语言学和通讯理论中,以便将一种符号系统转换为另一种系统,并最终实现信息的传递。狭义的“代码”在社会语言学中还可以指为特定的社会团体成员所共同理解的词语。

1.54 交际

在日常生活中,交际指人与人之间的相互交往或社交。在语言学中,交际指信息的发送与接收双方通过一套代码实现信息传递或交换的所谓“通讯”过程。整个通讯过程的完成既需要信息发送者的编码活动,又需要信息接收者的解码活动,同时还需要经由相应的“信道”(即通讯理论中用特定符号代码系统交换信息的中介)加以信息的传递。在语言通讯过程中,相互联系的信息发送者和接受者所用的代码正是自然语言。

1.55　会话

“会话”,指为传递和交流信息,至少由两个人参与且不得少于两个话轮的一串话语,是口头话语的基本表现形式。这是一种具有一定目的性且说话人和听话人的角色不断变化的言语行为。此外,根据性质的不同,可将会话区分成两种:其一是双方自由控制话题、自行变换说听角色、具有随机性和非约定性的所谓“自由会话”;其二是具有约定性、话题由一方主导、无法自主变换说听角色的、一问一答式的所谓“非自由会话”。日常生活会话多为“自由会话”;而答记者问、法庭审议以及学校的课堂提问等,则属于“非自由会话”。

1.56　言语行为

这一概念最早由英国人类学家马林诺夫斯基于 1923 年提出。随后,英国哲学家奥斯汀又将其发展为言语行为理论。随着语用学学科的兴起,“言语行为”这一概念很快便得到了广泛的运用,言语行为理论也逐渐成为了语用学的核心理论之一,专门从行为的角度审视语言活动,探讨如何使语言用之以“行”而非用之以“指”,以及一个接一个的言语行为如何构成了连贯性的和有意义的交际等问题。

言语行为指人们在具体的语境中为达到交际目的所实施的语言行为,是人类基本实践活动的组成部分,并且总是受到各种社会规约的支配。言语行为理论的创立开拓性地推动了语用学学科的研究和发展。

1.57 会话含义

会话含义亦称“会话寓意”，是间接语言的一种典型表现，也是日常言语交际中十分常见的现象。平常所见的“话中有话”现象就具有会话含义的性质。会话含义是由故意违反会话合作原则的相关准则所产生的话语意义。因为在人们会话时所说的内容（即字义）和说话所表达的含蓄内容（即用意）之间往往存在着一定的距离，而要理解这种会话含义，谈话者就必须既具备常识及共有知识，又具备足够的推理能力。

最先创用“会话含义”概念的美国哲学家和语言学家格赖斯指出，会话含义具有以下五大特征：“①可取消性，在具体情况下能因明言声明或语境的作用而不产生会话含义；②不可分离性，改变表达方式不能阻止会话含义的产生；③可推导性，会话含义可根据语句的字面意义通过各项准则推导出来；④非规约性，会话含义不属于语句的规约意义，而是一种非规约意义；⑤不确定性，会话含义在不同的场合有时能作出不同的解释，因此无法确定。”①

1.58 会话合作原则和得体原则

会话的合作原则又称“会话准则”，指交谈双方在会话中应当共同遵守的原则。因为，要使交谈能够顺利进行，以取得预期效果，说、听双方就必须依循特定目的，信守一定的原则，做好协同配合工作。合作原则包括四项准则：①有用信息充分的“量的准则”；②内容真实的“质的准则”；③能使交谈连贯进行的“关联准则”；④明白、简洁、条理清晰的“方式准则”。

除了达到会话的基本要求——合作原则外，交谈双方还应始终贯彻尊重对方、维护友好互动关系的所谓“得体原则”，亦称“礼貌原则”，这是对双方提出的更为积极的要求，也是对合作原则的某种调节和补充。礼貌原则包括策略、谦虚、宽宏、同情、赞扬和赞

---

① 戚雨村等：《语言学百科词典》，上海辞书出版社，1993 年，第 198 页。

同等准则。礼貌程度和手段的运用应符合或适应谈话内容、对象等语境情况。

1.59　话轮

在"你一言,我一语"(一人说,另一人听)或者"你问,我答"(一人问,另一人答)的日常会话过程中,总是在一方说过之后,另一方才开始说话,并且随着交际的需要这种说、听角色交替的行为会不断延续进行。这样,说话人在整个互动性的会话过程中一次次说出的话语,就构成了会话的基本单位——话轮。双方会话过程中每次出现的沉默或者说、听角色的每次变换都意味着一个话轮的结束或交替。

1.60　身势语

身势语指人们在日常口头交际过程中,除了使用发音器官的动作外,还常常配合运用身体的姿势、肢体的动作以及面部表情等辅助性手段,如摇头、点头、耸肩、皱眉、瞪眼、伸舌、撇嘴、摆手、挥手、顿足等。所有这些手段的总和就是所谓的"身势语",有时亦称"身体语言"、"肢体语言"。有些身势语具有突出的民族特点。拿"点头"来说,在中国表示同意,而在保加利亚和尼泊尔则表示不同意。

1.61　功能

功能"与结构相对,指有特定结构的事物或系统在内部和外部的联系和关系中表现出来的特性和能力"①。具体到语言学领域,功能或指语言在人类社会生活中的不同职能,如思维功能与交际功能等;或指各种不同的语言单位在较高层次的结构中所扮演的特定角色,如在句中作主语及宾语的名词、作谓语的动词、作定语的形容词等;或指某种语言单位区别于其他语言单位的作用,如音

① 夏征农,陈至立:《辞海》缩印本,上海辞书出版社,2010年,第599页。

位的辩义作用、词的称谓或修饰作用等。

1.62 结构

相对于零星、散乱而言的“结构”这个概念自古有之，通常指连接并左右构成整体的诸因素（或成分）的各种联系及关系的总和。它同相对于孤立、片断的“系统”之间有着密切的联系。一方面，结构是系统的基本属性和存在方式；另一方面，结构还是使系统具备整体性、层次性及功能性的前提性基础因素。结构与系统之间的不同在于，结构所突出的是“各种联系和关系的总和”，而系统所突出的则是“各种成分的总和”。只有当二者可以“统指由各种成分按各种联系和关系彼此影响、相互作用而形成整体”时，它们才可以作为同义词来相互替代。

1.63 系统

系统指若干相同或相近并且彼此联系、相互作用的要素组合成的有机整体。系统依照特定秩序和内在联系组合在一起，除具有特定的结构和功能外，还具有整体性、稳定性、历时性、层次性、适应性等。系统中的各个部分往往又可作为一个分系统存在，如语言系统中的音位系统、词汇系统、词法系统、句法系统等；有时，整个系统同时又是更大系统的组成部分之一。此外，一个系统的功能与特点往往并不等同于其各组成部分之功能与特点的总和，而处于系统整体中的各要素的功能与特点也与它们处于孤立状态时的情况不同。

1.64 隐喻

来源于希腊语 metaphora 的“隐喻”一词原意指使一个词获得它原本不具有或难以表达的含义的现象。这是在两个具有某种类似性特点的事物之间确立相似性关联（或能指性形式关联，或所指性意义关联）的一种修辞手段，或者说，是通过此现象（喻体）指代彼现象（本体）并且确保实质意义不变的一种借此喻彼的修辞手段。在汉语中,“隐喻”亦称“暗喻”和“隐比”,是比喻的一种。其特点在于:①本体和喻体的关系比明喻更加紧切,在形式上属于相合的关系;②本体和喻体之间多用“是”、“也”、“成”等比喻词来联结,如“护士是白衣天使”、“赵衰,冬日之日也,赵盾,夏日之日也”等;③本体和喻体两成分可构成偏正关系,如以“舞台”喻“人生”的句子“在人生的舞台上,每个人都扮演着不同的角色”等。而构成明喻(亦称“直喻”和“显比”)的本体和喻体两个成分之间在形式上是一种相类的关系,常用“好比”、“如同”、“似”、“若”、“像”等相联结。①

1.65　语系

语系是“历史比较语言学用语。语言学把具有共同来源的亲属语言归成同一个语系。每个语系包含由不复存在的统一始源语繁衍出来的一些语言。同一语系的各个成员在表示基本概念的词和基本语法结构方面都具有对应关系。比较重要的语系有汉藏语系、印欧语系、闪-含语系、阿尔泰语系、高加索语系、马来-波利尼西亚语系、奥斯特罗-亚西亚语系、达罗毗荼语系、尼日尔-刚果语系、尼罗-撒哈拉语系等。在一个语系内部,按关系的亲疏程度分成不同的语族和语支;语族是语系的下位概念,语支又是语族的下位概念。例如,汉藏语系可分成汉语族、藏缅语族、壮侗语族和苗瑶语族;藏缅语族又可分成藏语支、缅语支、景颇语支和彝语支;印欧语系可分成日耳曼、罗曼、凯尔特、斯拉夫、印度-伊朗等语族,日耳曼语族又可分成西、北两个语支,罗曼语族又可分成东、西两个语支,斯拉夫语族又可分成东、西、南三个语支”②。

① 参见戚雨村等:《语言学百科词典》,上海辞书出版社,1993 年,第 567 页。
② 戚雨村等:《语言学百科词典》,上海辞书出版社,1993 年,第 444 页。

第二章　设计语汇学

如同建造房屋离不开砖瓦、水泥、钢筋、木材等建筑材料一样，构建各种语言同样离不开各自所需的语言材料。例如，构建自然语言（也称“实用语言”）所需的材料是词汇和短语，构建舞蹈语言所需的材料是眼神、表情、肢体动作及姿势，构建诗歌语言的材料是词汇、节奏、韵律和旋律，等等。而对于语言家族成员之一的设计语言来说，自然也有自己的一套语言构建材料（或称“语汇”），这便是点、线、面、形、色彩、肌理等视觉元素。因为，正是这些视觉元素共同构成了设计语言的语汇层，亦即设计语言的能指性表达系统，它们不仅是设计语言的表层语义结构成分，而且也成为图形设计或形态设计的基础。

当然，不同种类的语言的材料存在着诸多不同之处。仅以其分类标准为例，自然语言的词汇分类跟设计语言的语汇分类就有着明显的差异。比方说，设计语汇中的线虽然可以简单而直观地分为垂直线、水平线、斜线、曲线等，但绝对不像自然语言的词汇那样，可以按照其常用程度、语体特点、使用范围、情感色彩、来源及发展情况等细分为常用词和非常用词、口语词和书卷语词、全民词和方言词、表情词和中性词、本族词和外来词、新词和旧词等，它们没有那么复杂，数量也没有那么庞大。不过，无论这两种语言的词汇数量多么悬殊，有一点却是相似的，即设计语言的语汇尽管只有寥寥数种，但通过许许多多设计者的整合处理，同样能呈现出无数千姿百态的设计图形或形态。

康定斯基在谈及设计语汇问题时指出，“点、线、面是造型艺术表现的最基本的语言单位，它们所具有的符号和图形特征，能表达不同的性格和丰富的内涵，其抽象的形态可赋予艺术内在的本质及超凡的精神”①。此外，“点、线、面的审美属性、文化属性是通过视觉传达过程及其符号意谓表达而得到表征的。但是由点、线、面构成的这样一种图形符号，它表达的美感特征和文化品质并非一种空来之物，而是一个漫长的形式积淀内容的过程”②。由此可见，设计的创作主体对点、线、面、色彩等这些设计语汇的运作技巧或经营水平如何，是决定设计作品优秀与否的重要因素。而通常研究设计语汇的着力点则大都放在各种语汇本身所具有的性格特征（视觉品质）、荷载的语义信息能量以及各自的艺术造型功能这三个方面。本书的“设计语汇学”部分也正是紧紧围绕这三个方面展开论述的。

2.1　点

虽然“点”在几何学中只是一种物质内容等于零的非物质性存在，是一种仅有位置而无大小、形状、情感和变化的看不见的无形实体，但在设计艺术领域是造型用的一种极其灵活的抽象性视觉元素。在这里，点是造型的出发点，是最简单的构成单位，是所有形态的起源和基础，是力的中心所在。点作为一种极具内在性膨胀潜能的最简洁的形态或设计艺术的最基本的形态语言之一，既表示线的开始与终结的端点、线与线相接的接点或线与线相交的交点，又是一切形态的起源。这种情况下的点由于成为造型的原生要素，所以当点的感觉自然地同我们的视觉产生联系后，它就具有了大小和形状的差异，不但有了外在特征，而且也有了一定的内在意蕴；不但成为了一种荷载语义信息能量的载体，而且也获得了诸多视觉品质及审美造型功能，从而成为一种具有生命力的存在。从这个角度来说，点本身同样是一个具有大小、比例、形状等方面特点的复杂的整体，俨然是一个微小的世界。

---

① 转引自郭菲：《设计语义研究》，2005 年，http://acad. cnki. net/Kns55/brief/result. aspx? dbPrefix = CMFD。

② 胡飞：《艺术设计符号基础》，清华大学出版社，2008 年，第 30 页。

2.1.1 点的性格特征

点的性格特征(亦称“视觉品质”)反映在许多方面,例如:

(1) 任何形状中都可以找到点的足迹和身影。由此可见,能在画面中随遇而安的点本身就是设计的基本元素。

(2) 不同大小的点具有不同的性格,点越小,给人的感觉就越强,点逐渐增大时,会给人以面的感觉。

(3) 单一的点容易成为视觉的中心或焦点,尤其是当它位于画面的中心时,极易吸引和凝固视线;不过,当单一的点位于画面的下部,特别是位于画面的右下角时,往往由于人的视觉习惯有感觉差异而被观者所忽略;而当单一的点位于画面的上部时,会使人产生一种下坐感。

(4) 点在许多情况下,都可以作为联想的象征符号来使用。

(5) 点具有一种“力”的生命,即使很小,也具有放射力;平面中的点可产生一种心理上的力感,具有张力作用;两点相聚时,相互之间会产生拉力;集聚的点则具有向心力。这里需要说明的是,在描述审美体验时经常提到的“力”这一概念并不是指那种实际存在的物理意义上的力,而是指我们在知觉特定客体对象时所感受到的具有某种动势的张力。这种具有不同方向和大小的所谓的“力”具有前进与后退、扩张与收缩、矛盾与统一等性质,因此能使人们生发各种情感体验。

(6) 点的排列方式不同,会产生不同的效果:连续排列会形成虚的线,向四边连续排列会形成虚的面,相等间隔的排列具有秩序感。

(7) 不同背景下的同样的点会产生面积大小上的视觉变化:黑底的白点看起来比白底的黑点大,橙色的点看起来比蓝色的点大。

(8) 背景的变化往往导致位于中间且大小相同的点看起来不一样大。

(9) 点的距离远近不同,会使人产生不同的视觉心理感受:近距离的点之间易产生对立感;而当同等大小的两个点位于两线的夹角中时,离角尖近的点显得大些。

(10) 在具有各自位置的两个同等大小的点之间会产生某种

视觉秩序。

（11）空间中的点可标示位置，也可成为视觉中心。

（12）点单向延伸成线，多向延伸则成面或体。

（13）点本身具有张力，而无运动的方向性，尤其是单一的圆点。不过，单一的方点、菱形点和角点是具有方向性的。

2.1.2　点的语义信息能量

设计实践表明，如果我们通过设计艺术程序将物质性等于零的“点”改变为直观视觉形象的“点”，那么它就会成为一种可见的最小的形式单元，从而获得一定的信息能量，成为设计语言的语义成分。虽然点很小，却是富含着各种义素的形态的基础，不仅能组合成语义，而且对人们产生的精神影响也是不可估量的。例如，规则的点本身所具有的那种严谨感和规整感、自由点所蕴含的那种生动活泼感、偶发点所显示的那种随意感和扩散性的放射感都是点的语义信息能量的具体体现。

此外，点在视觉设计的空间中具有一种能够引发接受主体心理扩张感的张力，并且可以起到作为力的中心的作用。点所体现的这种张力实质上就是设计语言的外延与内涵完美协调而构成的意义平衡结构，即概念意义、情感意义、联想意义的完美结合。因此，一般认为，点的本质其实就是一种体现动态性张力的静态性图形。它之所以能表达一定的语义信息，与其表现力同它的从属性、有限面积、无限外形等因素是不无关系的。

点所荷载的义素能量除了来自点自身的性格特征和发挥的造型功能外，还来自设计的创作主体对点的巧妙整合及处理。在设计形态中，对点的不同配置、列阵与连接方式往往会导致不同的视觉效果，进而萌生或体现出不同的语义信息。例如，设置在同一图形中的大小相异的两个点会成为一种由大及小和由近及远的空间义素。点的规则连接所产生的秩序美、非规则连接所产生的变化性动态美、点的连续所产生的方向感和节奏韵律感都是组成设计语义的不同成分，即设计语义生成的基本因素。如图 1，在尼古拉斯·卓思乐的《音乐节招贴》中，作者以极具动感的、轻松活跃而又充满随机性的墨点形态组成图形化的视觉符号，来表达爵士音乐的深层旋律，让受众感受到爵士乐的激情、狂热和自由。

点在设计形态中的“集群关系”“图底关系”以及“联想效应”是其产生动感义素能量的三大发生源。例如，横向性或纵向性均匀排列的“群点”的动感信息大都具有定向性和匀速性；一旦破坏了这种直线排列的均匀性，感觉上就会产生渐变性的运动变化的信息。此外，某些背景的形式组合本身就具有一定的动感义素，容易波及位于次要位置、稳定性较差的点，使其产生出动感来。

图1 音乐节招贴
作者：尼古拉斯·卓思乐

如果点在设计形态中所发挥的是重心或者中心的作用，那么这种情况下的点就会使我们获得一种“稳定”的语义信息。然而，点的“运动”性义素能量也好，“稳定”性义素能量也好，都往往与它的符号意义有着较为密切的联系。因此，现代设计语汇中的点多数情况下都被用作一种可以引起联想或想象的象征符号，而且由于它们都具有一定的语义信息能量，因此又都是生成设计语义的重要因素。

2.1.3 点的审美造型功能

点的审美造型功能在许多方面都有突出表现，例如：

（1）点能营造中断或休止的效果。

（2）点集中时所呈现的那种疏密关系或大小不同的现象，容易产生方向及进深感，故往往用来构成虚面和空间。

（3）多点的存在，或聚集，或分散，能够引发视觉上的动感产生。

（4）使点处于连续状态时，不仅可以营造节奏韵律的视觉效应，而且还会产生线的感觉。

（5）将点作规则性连接处理，可产生秩序美，作不规则性连接处理，则会产生变化性的动态美。

(6) 使点处于画面的边缘,会打破画面的静态平衡性,从而引发出紧张感,形成一种动势。

(7) 将点作等间隔排列,能产生一种井然有序的美感;沿斜线或曲线排列,或者自由排列,往往形成动态性构成;点的均散性排列可营造画面的肌理效果。

(8) 众多点在画面中的聚集与扩散,可导致能量与张力的多样化、复杂化,从而为画面平添许多生动的情趣。

(9) 呈现在三个散点之间的心理张力,不仅会导致各点之间产生内在关系的视觉性流动变化,而且会使其获得一种时空性质。

(10) 点的不规则排列极易使人产生灵动感。

(11) 心理张力能使点与点之间的内在关系产生结构上的时空感。

(12) 规律性排列的点,能使视觉产生一种整齐划一的美感。

2.2　线

设计语汇中的"线",从几何学角度讲,是点的延展或面的凝缩,是由于点的最终自足静止状态被破坏而产生的;从符号学角度讲,它是人类观察与表现世界所运用的符号形象;从哲学—美学角度讲,它既是人类对世界的一种抽象及对自然的物态化的概括,又是设计的创作主体艺术思想的升华和审美情感的积淀;从设计艺术学角度讲,线是一切形象的代表,它表情最丰富,产生的心理效应最强,是决定形态情感的因素之一。

线是点移动而形成的轨迹。一方面,线的连续切割或中断运用就可获得点的感觉;另一方面,线本身的移动又会形成面,或者说,面又是线移动的轨迹。不过,由线呈现的流动态势是一个有头有尾、有始有终的过程。线所具有的运动性和方向性两大特征使其同点一样成为极为活跃的造型要素。而且,就心理表达方面来说,与点的形态相比,线的形态似乎显得更加明确、更加丰富。这是因为,与速度和力度等因素相结合的线会生发出同色彩一样的各种情感效应。事实上,设计艺术领域的线的形态的确因其所表达的情感的种种不同而呈现出了千变万化、层出不穷的形式。线在设计艺术作品（图形或形态）中的组织关系是由下列三大因素构成的：①线的多少；②线长度的节奏性变化；③线方向的转换情况。在以线为基本语汇的设计作品中，正是这种组织关系左右着作品之形式风格、层次感乃至整体气氛的营造。而设计语言中的秩序感、节奏韵律感及层次感也都分别源自于线的重复与组织、单线与组线的整合以及线的疏密关系。

在我们生活于其中的大千世界或自然界里，线几乎是无处不在的，所以有人说现实世界是"人与线共舞"的世界，这一点也不过分，因为一切具有特定空间、结构和运动性质的物体无不包含着线的形态因素，无不可以用线来表现。由此可见，线元素在设计艺术造型中的地位非常重要。尽管大体上可将线划分为直线与曲线两大类别，但在设计造型的具体实践中，创作主体利用手中那些千变万化的线条，创造出了各种各样、不计其数的实际图形或形态。此外，直线中的水平线、垂直线、斜线也好，曲线中的几何曲线、自由曲线也好，它们都具有各自的性格特征，都荷载着特定的语义信息能量，也都具有一定的审美造型功能。现分别概述如下。

2.2.1 线的性格特征

直线：坚强、刚毅、率直，犹如男子汉的阳刚之气（因为直线的张力可以表现出运动的无限可能性）。

粗直线：极具冲击力和不可逆性。

细直线：清秀、尖锐。

曲线：委婉、轻柔、快捷、优雅与动感，犹如女性那种柔美的性格（曲线是面的核心，其主要张力在于弧）。

几何曲线：平和、完美、典雅。

自由曲线：自由、随意、圆润、典雅。

水平线：静止、平静、安定、安详。

垂直线：崇高、庄严、直接、稳定、阳刚、挺拔、上升感或下降感。

斜线：飞跃、跃动、惊险、极具冲击力和速度感。

折线：不安定、具有刺激感。

弧线：轻快、流畅。

2.2.2　线的义素信息能量

不同性质和形状的线，无不蕴含着各自的语义信息能量。例如：

直线：果断、坚强、坚定、刚毅、理性、率直、阳刚、明确、简洁。

曲线：柔和、丰富、委婉、快捷、优雅、感性、含蓄、轻柔、动感、速度、弹性。

水平线：静止、平静、安宁、安详。

垂直线：崇高、挺拔、庄严、严肃、直接、稳定、阳刚、坚强、理智、上升感、下降感。

斜线：飞跃、跃动、冲击力、惊险、运动、不安定、奇突。

折线：不安定、刺激感。

弧线：轻快、流畅、弹性、动感。

粗线：阳刚、壮实、力度、厚重感。

细线：急速、敏锐、锐利、纤细、柔弱。

升斜线：宁静、向上。

降斜线：悲观、沦落。

光滑的线：明快、流畅、速度。

非光滑的线：涩滞、苍劲、古朴。

无序变化的线：跳跃、紊乱、骚动感。

痕迹线：斑驳、含蓄。

抛物线：扩张、向外运动、速度感。

总之，被设计的创作主体设置在形态中的线，全都蕴含着一定的语义信息（包括审美含义和哲理含义），它们都是生成设计语义的基本因素，同时也是语义的传达方式之一。不同形态的线条的视觉含意本身就是语义的信息成分，只不过有些属于设计语言的情感意义范围，有些则属于联想意义或象征意义的范围罢了。此外，线在形态中所产生的各种视觉联系、沟通和对话以及和谐或张力等同样是导致线在设计形态中产生不同语义效果的信息因素。这进一步表明，设计形态中用线的长短、曲直、浓淡描绘过程中用力的大小、方向、速度和性质以及线的远近、并列、交叉、交叠、空缺等连接与配置的关系，都会影响到设计语义效果的营造。

线之所以蕴含丰富的语义信息能量，主要是因为从视觉感受上说，线既具有情感性格，同时又具有方向和远近距离的空间性格：①线是富含语义的情感、情绪或情调的载体，其丰富的形态和千变万化的节奏，无不关系到其精神内涵的释放与宣泄，由此可见，线是设计审美诉求及思想、情感的印记，也是其情感、情绪宣泄的痕迹；②线的性格特征使其具备了特殊的表达功能及内涵，而这些内涵的传达，又是借用符号的方式进行的，何况，线的情绪品格总是积极主动地为设计艺术作品的内容（即语义）表达而服务的。

2.2.3 线的审美造型功能

设计语汇中的“线”之所以具有丰富的审美造型功能，其主要原因在于，线具有多种造型特征，如方向性、运动性、稳定性、多样性、抽象性、情感性、完形性、分割性、连接性等。此外，具有或直、或曲、或弯、或折等多种形态的线，可通过相互交叠、交叉及并列等不同整合形式，来表现设计图形或形态中的动感、质感、体积乃至阴影等。何况，设计语汇中的线不仅各具表情，而且还蕴含着各种不同的审美含义和哲理含义。这些因素就使得线这种设计语汇具有了灵活丰富的审美造型功能。

首先，线不仅用来表现平面的轮廓，而且还表现物象的各种特征，它本身所具有的动的力量就足以营造强烈的运动感：单线所展现的那种突出的指向性极易造成视觉动感；螺旋线的上升感容易给人带来一种幽默的情趣；在使用复线的情况下，若对水平线进行错落处理，则可营造速度感；而呈复线排列时，又能形成虚面性的空间；使多条线穿越中心点呈交叉排列状，或者以变换方向的形式进行线的组合，常可构成波动或旋转、向心或发射等极具强烈动势结构的图形。此外，因受焦点透视原理的支配，将线作前疏后密式排列时，会产生“近大远小”的远近空间感。线的不同运动方向也能使人产生不同的感受：横向流动的直线可产生自然持续的空间感；垂直方向流动的直线可产生“自由落体”感；斜线的自左向右上升或自左向右下降都能产生运动感。如果将线作形状不同的等距离的排列，还能带来一种凹凸的视觉效果。

其次，线的粗细可用来营造远近关系：将线作粗细（或长短、疏密）变化性排列，可形成具有深度感和运动感的组合；而使线呈粗细（或距离）渐变性排列，可营造出一种具有规律性的逐层变化的空间感；使曲线处于渐变状态，即可获得空间维度转换的效果。

第三，如果对线加以不同形式的整合处理，就可以产生各种有利于设计造型的错觉。例如，“在两条等长的线的端点处加入斜线，会构成角度不同的夹角，产生不等长的错觉，夹角大的感觉比夹角小的长。若呈水平与垂直关系，垂直线会显得比水平线长。一条斜线被其他形断开后，会产生不是一条直线的错觉。若在这条直线旁加一条直线，就会产生不知哪两部分是一条直线的错觉。两条平行的直线，会因斜线角度的影响而产生错觉，使平行线呈现曲线的感觉”①。

最后，由线带给我们的那种视觉上的联系，是设计艺术中的各种因素之间最方便也最重要的沟通方式，这就使得线的审美造型功能显得更加灵活也更加丰富。

2.3　面

其原本特性为“形状”且具强烈的视觉冲击力和震撼力的面是线移动的形迹，是由控制画面高度和宽度的两组线（上下两条水平线和左右两条垂直线）界定的形状，当然也是体之表面。除此之外，较大面积的点、宽度十足的线以及形体和空间中的面也都可以被视为“面”。面作为一种只有长度、宽度而无厚度的二维性视觉元素大体可分为几何形、有机形和偶然形三大类，而其表现手法不外乎实面和虚面（无定形的面）两种。轮廓线是决定面形的关键因素，正是轮廓线的不同，决定了直线形面、几何曲线形面、自由曲线形面及偶然形面等的形成。而且，面与线甚至点的密切关系也导致了它在心理的表达方面，自然地包含了线与点所蕴含的那些情感特征。这一点可以从面形态的各种性格特征和荷载的义素能量方面体现出来。

① 赵芳等：《艺术形态构成设计》，冶金工业出版社，2008 年，第 17 页。

2.3.1 面形态的性格特征

几何形面:实在、充实、圆润、简洁、明快的数理性、秩序感、机械性的冷漠感。

正圆形面:完整、完美、美好、圆满、单纯、向心、集中、团结。

椭圆形面:稳定、圆润、优美、丰满、浑厚。

方形面:端庄、安定、沉稳、寂静、平和、坚挺、严峻、崇高、秩序感。

角形面:稳定、不稳定、方向感、紧张感、醒目、刺激性。

等边三角形面:安稳、坚定。

有机形面:纯朴、生机勃勃、女性魅力。

自由形面:优美、活泼、灵活、轻柔、典雅。

偶然形面:生动、自然、活泼、神奇变幻、不易重复性。

2.3.2 面形态蕴含的义素能量

面形态的种种性格特征也正是其所荷载的语义信息能量的具体反映。例如,上述各种面形态所反映的"实在"、"稳定"、"简洁"、"端庄"、"坚定"、"完美"、"典雅"、"纯朴"、"轻柔"、"圆润"、"寂静"、"平和"以及"方向感"、"紧张感"、"秩序感"、"冷漠感"等都是十足的义素成分。如果我们换一个角度来分析,那么同点、线密切相关的"面"在设计的程序中又总是通过与点和线的艺术整合关系表现出来的。因此,要研究面在设计语言中的语义问题,就势必会涉及点和线这两个因素,而这三者又都蕴含着各自的语义信息能量(如前文所述)。

此外,点、线、面三者的组合变化形式可以产生各种感觉的力场,使之具有张与弛、刚与柔、动与静等不同的性格特征,亦即性质各异的义素。但就三者所产生的视觉效应而论,视觉上极具整体感的面的动势形态,要大于点和线,何况面的虚实和大小本身都能成为影响视觉生理的作用力,从而具有完全不同的寓意。例如,小的面形态寓意"向心",大的面形态寓意"扩张";实面诱发"力量感",虚面则易产生轻松的"无量感";所有这些都是语义信息能量的具体体现,因此它们也都是设计图形或形态语义的构成成分。同时,这种视觉空间力场是人的视觉或思维运动产生的,或者说,是点、线、面三者的组合形式，使我们感受到了它们的存在及其自身所蕴含的语义信息能量对我们产生的心理影响。

导致空间力场及其相关义素发生变化的基本因素表现在许多方面。例如，“形象的大小、深浅影响到力的强弱；形象的位置、走向影响到力的作用方向；设计形态本身的形状会与力的作用点产生联系。出现在画面上的文字、图形等也各自发射着不同量的能，如同重力、引力、张力、推力等在画面虚幻空间中作用着人的视知觉一样。”[①]这一切都体现出“不破不立”的哲学理念，因为只有打破画面的那种静力平衡，才能够产生画面空间的动感或力场，也才有可能借助于力的作用而确立新的动力平衡，从而实现相关语义信息能量的协调与组合。

2.3.3　面形态的审美造型功能

（1）当面同点、线组合为变化形式时，容易产生具有动—静、张—弛及刚—柔性质的视觉力场。

（2）具有多层次性的面形组合，可使色调及空间获得丰富的变化效果。

（3）将画面作“上重下轻”的处理，可产生动感。

（4）具有动势性的面形组合，可用来营造扩张性。

（5）尖锐性的三角形面，能产生突出的方向感。

（6）使方形面倾斜，可造成动势。

（7）极富神奇变幻性的偶然形，可用来突出或强化造型的美感。

（8）面在平面空间中的动势形态，是影响空间力场的重要因素。

（9）使面形处于特定条件下，往往会产生设计造型所需要的各种错觉。例如：“一个正圆形由于不同方向的其他平行线的加入，会显出很明显的变形。正方形若与同心圆形相切，会产生边线向里凹的错觉。用相同距离的垂直线和水平线组成两个同等面积的正方形，其长、宽的感觉会不一样。水平线组成的正方形，给人

① 廖军：《视觉艺术思维》，清华大学出版社，2006 年，第 42 页。

的感觉稍高，而垂直线组成的正方形却使人感觉稍宽。另外，一个正圆形与正六边形顶角相接触，圆形在顶角处会有凹入感，形成花瓣的形式。"①

（10）面的存在与环境产生联系时，易形成"图地"关系。

（11）室内环境中的斜面因具有流动感（动势）之含义，所以常可为规整性的空间带来某种变化。

2.4 形

有了以上关于点、线、面三种设计语汇的描述作铺垫，对"形"的分析就可以概括而扼要地进行了。

这里所谓的"形"，是"图形"或"形态"的简称。它既是事物之感知特点的结合，又是多种视觉元素形成的总的结构；既是极具精神渗透力和情感影响力的信息传播方式，又是容易识记、交流和沟通的感应式的语言类型。作为一种具有理性、秩序与可塑性的视觉元素和知觉整体，"形"其实就是由某种边缘围构而成的蕴含并表达一定语义信息的视觉形象或视觉样式。这就意味着，从符号学角度审视，形也是一种负载且传递语义信息的符号，属于设计语言的"能指"系统之列。因此，既是视觉对象又是信息传播媒介的"形"自然也就成为了各种事物特性的表征，在人类文化历史的进程中获得了特定的内涵，并通过传达方（设计的创作主体）与接受方（接受主体）之间的对话、互动而生成意义。形的重要性在于："首先，它属于人的第一大感觉的对象。其次，它又是第一大感觉的内容。第三，它旁及人的其他感觉、知觉、思维与想象。第四，它又是人的客观认知媒介。通过它，人类可以认识自然、社会和自身。第五，人类可以认识形，还可以创造形，而人造形象可以是视觉的，也可以是物质的和符号的。"②

可赋予形以生命的因素是意念，意念不但是设计艺术作品的中心内容，而且只有在画面中同"形"和谐地融汇在一起，才能使

① 赵芳等：《艺术形态构成设计》，冶金工业出版社，2008 年，第 21 页。

② 凌继尧等：《艺术设计学》，上海人民出版社，2000 年，第 137 页。

"形"成为表达语义的积极的能指符号。显然,形和点、线、面、色彩等其他设计语汇一样,所传达的东西绝非其自身,而是透过其外在形态反映的特定语义——理性意义、情感意义、联想意义、象征意义及审美意蕴,或者说,是借助于形的构图秩序和凝练的设计语言来传达创作主体所要表达的意义。由此可见,通常情况下的形大都具有突出的语义创造能力及语义表达能力。另一方面,形的这些能力又同形和意之间的异位同体性的同构关系密切相关。这是因为,"图形语言的'意'、'象'通常具有形态之间的同构和形态与意义的同构两种关系。形态的价值取决于意义,而意义则靠图形所表现的组织关系来体现。图形语言并不是直接地陈述意义,而是在可视的形式中保留了有意义的可读信息,并利用事物的相似性多方面、多层次地对意义进行视觉表达"①。

除此之外,要想通过作为视觉元素的设计语汇来创造设计语言,就必须努力满足两个前提条件:①这些设计语汇的组织与整合必须具有逻辑性,而且符合艺术规律的要求;②必须符合语义信息(意)的要求。而意在形的视觉表征中,同样要符合两个前提条件:①使意物化在接受主体能够感知的载体(即媒介)中;②在接受主体对意的解读方面,相关的形应成为容易实现感性把握和深刻领会的客体对象。总之,对形的创造只有达到了上述这些要求,才能形成较为完美的视觉形式,产生良好的视觉效应,也才能顺利实现创作主体与接受主体之间的交流与沟通。

最后,康定斯基在论及形与色彩的关系时指出,①"色彩与形是内在精神和谐的物质媒介";②"形越抽象,它的感染力就越清晰和越直接";③"形与颜色总是相伴相生的,二者之间的基本关系是颜色受形的规范,同时又强化形的视觉效果。形无论如何抽象,都具有内在联系的力量,能建立起相互间的对应关系,尖锐的形与刺目的颜色对应(如三角形与黄色),圆形与柔和深沉的颜色对应(如圆形与蓝色)。不同的颜色与不同的图形配置,就获得不

① 转引自郭菲:《设计语义研究》,2005 年,http://acad.cnki.net/kns5s/brief/result.aspx?dbprefix = CMFD。

同的精神价值，因此形的和谐也只能以有目的地激荡人类灵魂这一原则为基础”。①

2.5 色彩

设计语汇中的色彩其实只是一种视觉印象或感觉，而这种感觉是在光线刺激眼睛并传入大脑视觉中枢后产生的。因此，可以说，色彩就是视觉的最初印象或第一印象，同时也是人类对周围物品的视觉感受中一种极其敏感的要素。然而，“色彩却充满了无限的神奇！它可见，却不可触；它是自然物质，却已被文明所理化；它没有重量，却能撼动人的心灵。色彩像自由的空气，无所不在、无时无刻不影响着我们的生活”②。康定斯基说得更形象：“颜色是直接对心灵产生影响的一种方式，色彩是琴键，眼睛是音槌，心灵是绷满弦的琴”③，颜色经由视觉通道拨动心灵的琴弦。此外，色彩是最能直接影响到人的情感反应的重要视觉元素。它既能诱发各种非视觉性质的联想或想象（紧张—轻松、喜欢—厌恶等），又能左右人们对物之性状（形状、大小、远近、重量等）的主观性评价。正因为这样，色彩这种设计语汇才被创作主体经常用来表达各种不同的主题或理念（理性意义），反映设计语言中所隐含或暗示的各种补充性语义成分（联想意义、象征意义、情感意义）。

色彩具有如下三大要素：其一，是由光波波长因素所决定的可区分色彩种类的颜色的相貌——色相（指色彩的名称及在色盘上的位置；它是影响色彩含义的重要因素）；其二，是由光波波长的振幅因素所决定的各种色彩的共有属性——明度（即色彩的明暗深浅程度）；其三，是由相关波长的单一程度所决定的颜色的鲜艳程度——纯度（亦即“饱和度”或“彩度”，指色彩的鲜艳程度）。

就其分类而言，尽管色彩世界五彩缤纷，但所有的颜色大体上可归为“无彩色系”（黑、白、灰色）和“有彩色系”（无彩色系以外

① 罗世平等：《康定斯基论点线面》，中国人民大学出版社，2010年，第4页。
② 陈琏年：《色彩构成》，西南师范大学出版社，2001年，第1页。
③ 罗世平等：《康定斯基论点线面》，中国人民大学出版社，2010年，第4页。

的所有色)两个类别。当然,也有从另一种角度把色彩分为“本色”、“中间色”和“素色”的。其中的“本色”指太阳光所包含的单纯的七种颜色;由红、黄、蓝三元色调和且呈现过渡痕迹的为“中间色”(绿色、橙色等);而“素色”即所有颜色的调和,它是一切颜色的基础。此外,由于色彩是视觉感知的符号,是一种极富表现力的情感语言,所以与人的情感具有对应关系的各种色彩要素,可以产生出不同的情感联想效应。例如,色相的差别或者不同色的组合对比决定了色彩的冷暖感(红、橙、黄为暖色,蓝、绿、紫为冷色);明度的差别决定了色彩的轻重感(亮色轻、暗色重);不同明度和纯度因素决定了色彩的强弱感、软硬感、华丽—朴素感、明快—忧郁感。而在“前进、膨胀感”与“后退、收缩感”的生成方面,波长长的色彩、明度高亮的色彩、高纯度的艳色等有前进、膨胀感;而波长短的色彩、明度低暗的色彩、纯度低的灰浊色彩等有后退、收缩感。

2.5.1　色彩的性格特征

在设计语言中,无论是使人感到鼓舞、兴奋的积极色彩,还是使人消沉、感伤的消极色彩,都具有自己的性格特征。例如:

红色:纯度高、刺激性强、热情活泼、引人注目、喜庆、幸福、吉祥、世俗、恐怖、鲜艳、代表爱情。

橙色:热情、温暖、光明、活泼、冲动、嫉妒、华美、积极、快乐、跳跃。

黄色:光明、轻快、迅速、明朗、自信、高贵、易引发猜疑、喜悦,易使人产生扩张感和尖锐感。

绿色:温和、新鲜、象征生命、和平、安全、环保、纯朴、信任、青春、安息、平静、纯情、柔和。

蓝色:平静、深远、理智、永恒、沉静、冷酷、忧郁。

紫色:高贵、幽雅、庄重、神秘、浪漫、忧郁、不安、虔诚、消极,象征权威。

白色:纯粹、清白、明快、朴素、神圣、失败、整洁,给人一种炫目感。

黑色:黑暗、罪恶、严肃、悲哀、沉默、刚正、粗莽、冷峻、恐怖、昂贵。

灰色:灰心、平凡、消极、谦虚、顺服、中庸、无主见、低调、高级、沉默。

2.5.2 色彩的语义信息能量

既然色彩这种设计语汇是一种视觉感知的符号,同时也是一种情感的语言,那么,作为符号,它势必负载代表某种含义的信息;作为语言,它又势必含有一定的语义。色彩通过知觉经验带给人们的情绪、情感信息,就是一种语义信息能量,而对色彩性格特征的联想(无论是具体联想还是抽象联想)所得到的各种理解与认知更是其呈现或传达出来的情感意义、象征意义及联想意义。这是因为,当我们的感官受到色彩刺激时,大脑中与该色彩相关的知识和经验便会被迅速激活,从而生成特定的联想意义及情感意义等。当然,色彩所荷载的语义信息都可以区分为正面性质的和负面性质的。不过,大部分创作主体在设计实践活动中所选择和强调的往往是正面性质的义素能量。例如,蓝色的正面义素为"忠诚"、"有序"、"理智",而负面义素为"欺诈"、"猜忌"、"压抑"、"冷漠"等。正是因为这样,要想营造出色彩语言的适当语境,创作主体就必须准确地把握和处理各种色彩所荷载的义素能量的正、负面性质。

除此之外,"色彩还有联觉含义。例如,暖色给人温暖感,冷色给人寒冷感的温度联觉含义;深色使人感到沉重,浅色使人感到轻盈的重量联觉含义;暖色、浅色给人的感觉软,冷色、深色给人的感觉硬的软硬联觉含义;饱和度高的颜色有前进和膨胀的联觉含义,饱和度低的冷色有后退和收缩的联觉含义"①。

而就色彩的意义结构而言,它包含了"显现性"和"隐含性"两个语义层面。显现性语义来自于外在联系,由政治、经济、民俗、宗教、观念、价值观等文化内涵因素构成,隐含性语义则来自于色彩的抽象,是通过作品与阅读之间的对话关系获得的,已经与外在现实信息分离——尽管在特定情况下,可能会发生转换性的变化。

色彩所荷载的义素信息主要属于情感意义、联想意义和象征意义三种性质范围。其情感意义的义素信息主要来源于人们从以

① 胡飞:《艺术设计符号基础》,清华大学出版社,2008年,第35页。

往的经验、知识或记忆中得到的联想，从而也就附加上了联想意义的语义成分；而色彩的象征意义的义素信息源则除了联想之外，还应包括情感的深层作用在内。不过，应该指出的是，象征意义的义素联想源，由于受到民族、时代、社会、文化等不同因素的制约，往往是相对的和易变的。这也说明，联想的因素都带有不同程度的主观成分。而正是这些主观成分的存在，才使创作主体的设计作品，产生了独特的设计语言风格。

在形态设计的色彩运用中，有些色彩逐渐具备了专用的性质，如绿色代表安全、橙色代表危险等；有些色彩则具有形象性质，如某些色彩能诱惑酸、甜、苦、辣的味觉；有些色彩具有特定的潜在性暗示功能。它们都是在实际运用中约定俗成的象征意义。

最后，设计语言中的形态、色彩都能传达自身蕴含的义素和情感。不过，就二者作为语言信息载体和传播媒介来看，色彩的表情功能显然强过形态，而形态所蕴含的语义信息能量则比色彩的丰富。同时，不同的创作主体对形态与色彩的选择倾向也有所不同，一般来说，性格欢快者易对色彩产生积极反应，而性格忧郁者则易对形态情有独钟。

图2　瑟素·泰莱独奏音乐会海报
作者：尼古拉斯·卓思乐

色彩在设计语汇家族中的突出地位充分说明，它在设计的审美造型方面同样具有极强的表现功能。其主要原因在于，色彩的感觉是影响人的心理情绪的视觉审美之核心，是美感的普及形式。当一种视觉表象在光线因素和色彩因素作用下生成并映入人的感官时，会导致足以转化成为语义信息能量的生理和心理效应的产生，亦即使视觉经验和情感感受同语义信息发生共鸣。如图2所示，作者在海报中用最简洁的图形符号——一只在黑色背景衬托下显得格外鲜明的红、绿补色的手指形象，让人强烈地感受到钢琴演奏家的娴熟技巧，不由地感叹手指在琴键上所创造出的神奇。

2.5.3 色彩的审美造型功能

（1）色彩除了能赋予形式以新的生命和精神气质，进而强化其存在的意义之外，还能影响人们对形状、尺寸、重量、距离等义素的主观评价和把握。例如，同一个物体，如果涂以不同的色彩，就会带来大小、轻重、远近等不同的视知觉效果。

（2）色彩可用来反映创作主体的细微情绪变化和精神内在力量。

（3）不同的色彩刺激能使接受主体产生兴奋、鼓舞或悲观、消沉等不同的情绪反射，以及安全、危险、神圣、喜庆、和平、庄重、柔美、罪恶等联想。

（4）有些色彩的专有表情，经过千百万人的长期、无数次的反复联想之后，可能会固定成某种事物的一种象征，并运用于审美造型中。

（5）色彩作为一种表情达意的重要手段既可以使设计图形或形态产生视觉冲击力和艺术感染力，也可以对接受主体的感知、情感和联想产生影响。

（6）色彩富有极强的再现客观事物本来面目的表现能力，可用来强化设计产品的公信力和感染力。

（7）色彩可用来改善设计造型的单一性或“冷酷性”，使产品人格化，进而提高视觉欣赏的价值。

（8）突出色彩的对比度，同样可以强化设计作品的感染力。

（9）恰当而巧妙地运用色彩对比与调和的手段，可对商业活动环境的空间色调气氛发挥一种催化作用，常常用来强化人们的舒适感和对相关环境的适应性。

（10）运用色彩之间的搭配手段，可营造或前进或后退的空间感。

（11）在对比色块的一方中加入另一方的色块使之呼应，或者在统一性调和的色彩中加入同一色，或者使对比色混合形成中间色，都能弱化对比的强度，促进画面的和谐感。

（12）对色彩组合中不理想的色彩作循环、重叠性的处理，可用以营造充满秩序感的审美效应。

2.6　肌理

肌理指人们在多次接触各种材料的表面组织结构之后对其轻重、软硬、色泽、糙滑、纹理等所获得的视觉印象，这些印象再经过与听觉器官、触觉器官等的共同作用形成一种联觉，最终达到我们对相关材料之质的特性的认知与把握，同时也获得某种美的感受。

作为设计语汇，肌理是一种群化的视觉组织结构，也是一种视觉艺术的造型元素。肌理依附于形态，是物体或形象的表面特征，是由微小形态均匀排列、配置而成的物质表层的肌肤纹理，也是物质的一种内在属性。在设计艺术领域，肌理实际上就是创作主体利用相关材料、工具和手法等所营造的各种质感。这表明，肌理的表现与材质、工具、技法以及作品的内容、形式等因素都有紧密的联系。

肌理包括许多类型：有些肌理光滑、细腻、柔和，有些肌理粗糙、干裂、生硬；有些肌理密实，有些肌理疏松；有些肌理是自然生成或遗留下来的（自然肌理），有些肌理是人为创造的（人造肌理），有些肌理是通过物理变化或化学变化形成的。不过，通常情况下，人们从生理感官的角度出发，把肌理区分为“视觉肌理”和“触觉肌理”两种，前者指用眼感知的平面性肌理，后者指用手触摸而感知的具有起伏变化性的肌理。当然，在肌理的研究中，也有从视域角度着眼，区分出所谓“宏观肌理”（如星球及海底表面）和“微观肌理”（如毛发表层）的。

一般情况下，肌理形态的构成具有三大典型特征：其一是体形小；其二是排列、配置密实；其三是必须达到一定的面积。

不同肌理的性格特征也就是它们本身所荷载的义素信息能量或称语义成分，例如：

光滑肌理：温和、纯净、亲和、柔顺。

疏松肌理：自然、朴实无华。

粗糙肌理：厚重、稳健、含蓄。

干裂肌理：粗犷、豪壮、古朴、原始。

又如：就材质给人的不同视觉印象而言，“玻璃、不锈钢材料有现代感、工业味十足，砖、木材料就显得很有传统气息；光面混凝土令人感到冷冰冰、生硬而无人情味，而拨模混凝土则有一种人为赋予的亲切感；粗糙的石材有种原始感、力量感，而柔软的织物则是温暖舒适的、富有亲和力的……”①

最后，如同设计语言的其他语汇一样，肌理同样具有自己的审美造型功能。不同的肌理形态可使画面萌生不同的视觉张力，从而使人产生不同的心理感受与联想；一些肌理形态所具有的那种律动感可用来强化抒情性，而具有视觉感染力和诱惑力的肌理形态极易吸引接受主体的视线；有些材质，如具有粗糙质感的陶土材料，能给人带来原始性的厚重感觉。

用不同手法处理肌理形态，会给人以不同的心理感受。例如，若将线型面的肌理形态加以对比性的处理，就容易产生热情或冷淡、冷静或冲动、豪放或柔顺等情感效应。在图3《卡门》歌剧海报中，作者特意在海报的视觉效果上添加了刮擦的肌理因素，突显了歌剧《卡门》中嫉妒与伤害的情节中心。图4中，作者通过铁丝网上一张残缺不全的面部形象以及飘零的落叶，在黑、白、灰无彩色背景的气氛烘托下，呈现一片败落的景象，淋漓尽致地展现了《奥赛罗》的悲剧情调。

图3 《卡门》歌剧海报
作者：斯帝文·布安迪

图4 《奥赛罗 Othello》戏剧招贴
作者：岗特·兰堡

① 胡飞：《艺术设计符号基础》，清华大学出版社，2008年，第42页。

第三章　设计语法学

语言学中的语法范畴是语言系统的一个组成部分，是语言中的一般规则，是语言的结构方式和结构法则，是语用规则的形式化，是语言符号的“组合规则”（由语素组合成词和由词组合成句）与“聚合规则”（适应组合规则需要的各种分类规则）的总和。

具体来说，语法实质上就是由相互联系和制约的各种规则组合成的统一整体。虽然语法规则都是从具体的词和句子中概括出来的，同词和句子有着紧密的联系，而且每条语法规则都能支配大量的词或句子，但是它们都不能表示具体的事物。此外，语法的发展与变化往往是自发的，不以人们的意志或好恶为转移。

语法由词法和句法两大部分组成。词法的主要研究对象是词，是从词的形式构成方面以及词形式的系统方面研究词，研究词的语法范畴、类别（词类）及形态变化。句法主要研究词组、短语、句子等这些句法单位之间的相互关系以及它们的构成和使用规则。

语法亦称“文法”，具有两大显著特点。①抽象性。由于语法是人类思维的高度抽象化，故具有抽象性。“正因为语法具有抽象性和概括性，才能使无数的词和句子系统化、条理化，人们也才可能按照为数有限的语法规则来构词造句，相互交际。”[①]不过，与词汇的抽象相比，语法抽象所依据的主要是“关系”，即不同语法单位之间的相互联系。而词汇抽象所依据的则主要是“意义”。②稳定性（亦即保守性）。由于语法规则的变化总是涉及许多同类语法

① 陈长茂：《基础语言学》，河南大学出版社，1986 年，第 28 页。

单位的变化，而这种变化又比较缓慢，故具有相对的稳定性。此外，一种语言的语法具有一定的民族特点。

理解了语言学中语法范畴的性质与特点，就具有了理解设计语法学的基础。设计语言的语法是图形语言编码时所依据的符号规则，通俗一点讲，就是指设计图形或形态的造型方法与规则，它着重研究组成设计图形或形态的各种因素之间的关系问题以及造型原则、规律与特点等问题。设计艺术领域中的“构成”部分所探讨的也正是设计语言的语法问题。因为，“构成”一词就设计艺术而言，其本身就是一个有关造型的概念，既可以解释为“造型”之意，也可以理解为“组合”之意。

“构成”是设计艺术造型的来源，是设计艺术的方法论，因此也是设计艺术的基础之一。狭义的“构成”指“组合”，广义的“构成”指“造型”。“构成”在设计语言中既是对造型要素的分解与组合，也是依照形态的创造规律来创造新的造型，而且，这些新的造型都具有视觉化特征和力学性质。当然，与“造型”相比，“构成”所突显的性质是“过程”，而“造型”所突显的性质则是“结果”。

“构成”可大致划分为平面构成（也称“图形构成”）、立体构成和色彩构成三类。平面构成需要具备的基本条件是：①有各种基本形作形态造型的材料；②以二维空间为限；③有造型、组合规律可循。与平面构成相比，立体构成的主要特点在于，它是将材料组合成具有一定长度、高度和厚度的立体空间实体，即其形态呈三维性质。色彩构成是依据一定目的和原则使两种以上的色彩相互作用，进而形成新的色彩关系，并创造出具有审美价值的色彩效果。

从哲学角度讲，设计语言中的语法部分主要涉及的是设计艺术这一事物的运动状态及方式的形式关系问题，亦即设计艺术的技巧问题。从符号学角度审视，设计语言中的语法其实就是设计艺术领域内的“符形学”，其主要研究对象应该是设计语言中的那些能指符号如何进行加工、整合，或者说，使它们具备哪些条件，才能使接受主体充分意识和认知到它们所指向的意义。这就需要研究各种设计符号的性质、特点和功能，需要研究符号与符号组合为复合符号（设计图形或形态）的方式及方法。因此，可以说，设计语法学对设计符号链中符号单元关系的研究相当于普通语言学中对词法与句法的研究。不过，设计语法范畴主要涉及的是四个方面的内容：①设计语法的基本要素；②设计语法的基本原则；③设计语言的造型文法；④造型的视觉效应营造法。

3.1 设计语法的基本要素

设计语法即设计造型法，这是按照一定原则将形态要素组合成具有审美特点的各种新的设计形态的方法。然而，一切造型实践活动都离不开下述五大基本要素的参与。

3.1.1 逻辑性意念要素

"逻辑性意念要素"是指那些虽不具体呈现实际形状，却明显存在于我们的意识中的点、线、面、形、体等隐形符号。就其存在的时间来说，逻辑性意念要素可区分为两种：其一是"随时显现"性的。例如，物体外表的"面"、边缘的"线"、顶角的"点"以及所占空间规模等，只要该物体存在，无论何时看，一看即"有"，这是一种逻辑性的存在。其二是"先在"性质的，即这些符号并不实际存在，仅在创作图形或形态之前，曾经存在于创作主体的意识中，是一种先于形态的非真实的存在、一种逻辑性的存在。逻辑性意念要素的主要功能在于：①揭示这些基本表达成分的运动本质；②诱导或启发创作主体利用设计语言中的能指符号系统（即基本表达成分）从事造型活动。

3.1.2 物质性视觉要素

"物质性视觉要素"是指被物化或直观化的逻辑性意念要素。这些要素构成了设计语言的能指性表达系统，成为设计语义的基本表达成分。其中，既包括色彩、形状、肌理等形象性因素，又包括数量、规模、光影、方位等形势性因素，以及点、线、面、立体、留白等空间限定性因素。上述这些物质性视觉要素在设计语言中其实就是相当于自然语言之词汇部分的语汇层，它们是一切设计的基础，在造型中所发挥的作用近似于玩具中的积木和七巧板、音乐中的七个音符、英语构词中的26个字母所起的作用。

3.1.3 理性认知要素

“理性认知要素”主要指设计图形或形态所表达或者蕴含的语义因素、情感因素以及影响设计创作、鉴赏和交际的语境因素等。这种性质的认知要素主要由设计语言的理性意义(也称概念意义、外延意义、认知意义、逻辑意义)和其他附加性意义(包括内涵意义、联想意义、象征意义、情感意义、语境意义等)组合而成(参见“设计语义学”部分的“意义的分类”部分)。而理性意义和其他附加性意义的物质载体正是上述那些物质性视觉要素,或者说,设计语言的能指性表达系统。而创作主体的思想、理念以及上述各种意义又都是通过相应的物化形式——设计图形或形态表达、体现出来的。此外,从某种意义上讲,造型过程中创作主体对结构性关系要素的选择也主要取决于这种理性认知要素的运作情况。

3.1.4 结构性关系要素

“结构性关系要素”指影响“物质性视觉要素”之组配与整合的那些因素,主要包括图地关系、时空关系、动静关系、虚实关系、主次关系、抽象—具体关系等。处理好这些关系,对设计造型的创造来说,具有极其重要的意义。

3.1.4.1 图地关系

“图”与“地”是组成设计作品之画面的两个不可或缺的基本层面。图与地的关系反映在对比与衬托的情况下,二者密切相关、相辅相成,同时又具有各自的特征。图形具有突出的形象感和前进性,视觉印象强烈,极易吸引目光,总是处于视野的中心地位。因此,“图”与“实”相对应,通常被视为正形。“地”即背景,具有后退性,无特定形象感,视觉印象模糊。因此,“地”与“虚”相对应,是次要的潜隐性部分,通常被视为负形。就人们对图与地的视觉经验而言,可大体总结出以下这些规律:①设计画面中那些主要的、轮廓完整且被封闭的突出部分为“图”,而那些次要的、隐性的、围绕封闭面的部分则为“地”;②画面中那些质地密实的部分,或者近距离的形为“图”,而那些位于背景中的或者凹入的部分则为“地”;③相对来说,小面积的形为“图”,而大面积的形则为“地”;④从图形色彩角度来讲,与波长较长的暖色调相关的部分为“图”，而与波长较短的冷色调相关的部分则为“地”（图5—图8）。当图与地二者的特征近似到难以区分时，就会形成一种奇妙的图地反转的现象，而“图”、“地”两种角色的转换，“实际上是模糊了消极空间与积极空间的界限，淡化了它们的概念，从而形成一种崭新的‘有效空间’，这种转换在不知不觉中丰富了视觉的空

图5　自然能去何方
作者：U. G 佐藤

图6　“生物多样性和自然景观研讨会”
公益招贴　作者：兰尼·索曼斯

图7　“大赦国际”政治招贴
作者：尤斯·雷蒙

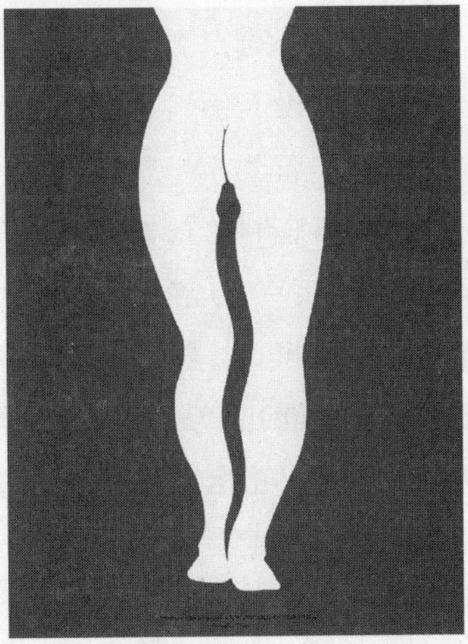

图8　《安东尼与克莉奥佩特拉》
戏剧招贴　作者：雷克斯·德文斯基

间层次，增添了视觉上的趣味性"①。由此可见，二者的关系是相互联系且不可分割的。此外，图地关系可区分为固定性、可逆性和模糊性三种类型。

3.1.4.2 时空关系

任何造型艺术都有一个正确处理时空关系的问题。虽然"时间"和"空间"都是物质存在的客观形式，但"时间"是物质运动、变化的持续性表现，是一个永恒的动态性过程，而"空间"则是一种具有相当容量乃至无限容量的静态形式。合理、巧妙地处理好设计艺术中的时空关系，对于充分而完美地传达图形或形态的语义来说具有重要作用。具体地说，就是要使时与空有机地结合起来，让时间兼具空间性质（使时间空间化）及空间兼具时间性质（使空间时间化），从而使动态性流逝的时间在空间结构里得到强化，同时使静态形式的空间能呈现出律动的生命节奏。也就是说，通过时间的流逝来体现空间，同时又利用空间来反映时间之流程。

3.1.4.3 动静关系

"动与静是相互矛盾对立又相互联系的，没动也就没有静。动在画面上表现为形体轮廓不规则、张扬，有动态动势，或色彩鲜明跳跃；静则表现为形体轮廓规则、稳重、平稳，色彩较为简洁单纯。"②动与静的自然结合是使设计艺术作品具有生命活力的前提条件之一。设计语言的能指符号除了本身所具有的静态因素外，还同时蕴含着这样或那样的动态性因素。例如，积极的空白空间本身就是动态性的；点、线、面的组合形式能够产生各种感觉的力场和张与弛、动与静的不同性格特征；设计的高度条理性具有一定的节奏感和张力；基本形能够引发接受主体产生心理扩张感；点的不规则连接能够产生变化性动态美；面具有动势形态，实面能够诱发力量感，虚面能够产生轻松的无量感；形态能够体现内力的运动变化；横跨空间重复使用某个要素能够呈现节奏感；等等。这些动态性因素只有同相对稳定的静态性因素自然和谐地融合起来，才

---

① 沈卓娅：《又见空间——论二维空间设计的多面性》，《包装 & 设计》，2003 年，第 5 期，第 75 页。

② 关仁康：《对比中寻求视觉中心》，《装饰》，2003 年，第 6 期，第 87 页。

能使设计艺术作品充满生机与生命活力。换言之，只有用动静结合的方法打破画面的静态平衡，才能产生画面空间的动感或力场，进而确立新的动力平衡，强化作品的生命力。

3.1.4.4　虚实关系

虚与实也是一对矛盾体，在中国艺术哲学中占有着举足轻重的地位。中国艺术的时空观历来强调虚与实的对立统一现象，认为“虚实有无相生。实由虚而生，虚因实而成。惟虚实相生，方能体现出空间的生命形态。无实不能表现出虚的生命力，无虚则实也无以生存”①。在设计艺术中，虚与实的策略是作为创造设计形态意境的手段加以利用的，其实质是一种隐喻技巧和象征手段，实是生命依凭的本质，是画面中位居主导地位的视觉中心。有了从属性的虚的巧妙配合，作品才可能具有生机和灵气，也只有虚实相生才能够体现出生命的节奏。如陈放先生在招贴设计作品《坐禅》中（图 9），就通过黑白对比和模糊手法塑造出了坐禅的形象，使之散发出微微“灵光”，从而体现出佛教的“无相”理念；而在色彩处理上的黑白手法更使人产生一种空灵、漂浮的神秘感。在图 10 中，作者黄杨用条形码象征人类的物质文明，并通过画面空缺的小

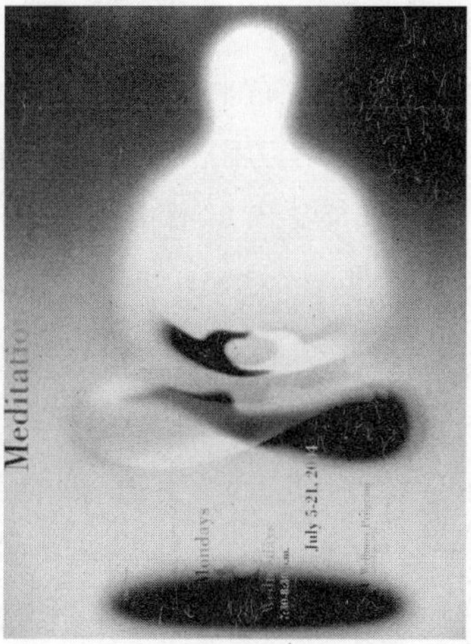

图 9　《坐禅》文化招贴
作者：陈放

图 10　《这也是我们的世界》
公益招贴　作者：黄杨

① 朱志荣：《中国艺术哲学》，清华大学出版社，2006 年，第 99 页。

鸟这一虚形，使受众深深领悟到人类的现代文明对环境及鸟类生存空间的破坏。

3.1.4.5　主次关系

主次关系实际上就是主要矛盾与次要矛盾之间的关系问题，一般容易理解，只要思想上重视，处理起来并不十分困难。关于主次关系问题，辛华泉先生在其论著《造型基础》中作了简明扼要的总结："主与次是相比较而存在的，有主才有次，有次才有主；主次有对比，才群星拱月，突出主体；主次有矛盾，有发展，才有波澜，构成动态，引人入胜；主次相宜和谐，才矛盾统一，形成秩序，绚丽多彩。"①

3.1.4.6　具体与抽象关系

设计艺术也是从主观经验中抽象出各种形式，并把它们当作艺术符号来对待的。同时，这种艺术抽象无不渗透着强烈的情感因素，而情感本身就具有某种抽象意味。可以说，创作主体所从事的创作活动，就是一种抽象活动，抽象表现就相当于设计艺术的元语言。另一方面，设计艺术中所有被传达和表现的事物也都是通过现实中的具象事物抽象出来的。相对于这种抽象性设计方法的是具象性方法，它是通过对现实物象的模仿来反映客观世界和情感世界的，因此注重具体、客观、真实的描绘。只有将具象与抽象这两种基本造型方法有机结合起来并加以巧妙运用，才能使这种具象与抽象关系真正起到作为设计造型的基本要素的作用。

3.1.5　和谐性审美要素

"和谐性审美要素"是一种作为美感之结果的"美"所蕴含的感性刺激因素。这些因素可以使设计图形或形态释放出一种至美的刺激能量，进而使接受主体在相应的鉴赏活动中产生强烈的美感。和谐性审美要素所产生的美大体分为两类：一类是呈现性的或外在结构上的形式美；另一类是潜隐性的或形态内在的本质美。外在性的形式美主要指造型设计中创作主体使得形式美的基本法则（如对比、比例、平衡、对称、统一、虚实、主次、节奏、韵律等）得

① 辛华泉：《造型基础》，陕西人民美术出版社，1995年，第20页。

到了充分体现,使设计图形或形态各部分之间的配置与组合达到了自然、流畅、和谐、得体,不但在整体上统一而有生机,而且还具有运动感、愉悦感和美感。形态的内在性本质美,一方面是指设计图形或形态真正体现出了人的本质力量的对象化,或者说,体现出了一种内力的运动和变化;另一方面是指设计图形或形态具有浓烈的情感和丰富的意蕴,同时,其形态和语境(形与景)也达到了自然、巧妙的配合。

3.2　设计语法的基本原则

设计语法的基本原则亦即设计语言学中的语法规则,其中较为重要的有重心与平衡原则、对比与调和原则、对称与和谐原则、统一与变化原则、节奏与韵律原则等。这些基本原则都是从设计的具体实践中总结出来的,它们既是创作主体必须具备的核心理念,同时也是从美学角度审视或衡量设计作品的具体审美标准与尺度。

3.2.1　重心与平衡原则

"重心"是一个人人皆知的常识性的概念,它来源于物理学中的力学理论,指物体各部分所受重力的合力的作用点。由于人人都有相关的实践经验,所以非常容易理解。但在设计艺术领域,对图形或形态的重心的具体处理并不像理解"重心"概念那样容易。处理得不好,会影响到图形或形态的"平衡"原则,甚至会破坏造型设计的整体和谐性及形式美。

《现代汉语词典》对"重心"概念的界定是:"物体内各点所受的重力产生合力,这个合力的作用点叫作这个物体的重心。"①我们知道,当人的目光触及物体的重心部位时就会产生一种视觉上的稳定感。而在设计艺术领域,这种视觉上的稳定感与图形或形态的形式美之间的关系显得更加密切和复杂。一般来说,"画面的中心点就是视觉的重心点。但画面图像轮廓的变化、图形的聚散、

---

① 《现代汉语词典》,商务印书馆,2012 年,第 1692 页。

色彩或明暗的分布都可对视觉重心产生影响。因此，画面重心的处理是平面构成探讨的一个重要的方面”①。

“平衡”的概念在哲学领域通常指矛盾的暂时性的相对统一或协调，是事物发展稳定及有序的标志之一。而在美学领域，作为形式美的一种表现形式，平衡主要指整体的具有相似性的组成部分，在形体、色彩、质地等方面基本相等。正是这种具有共性质和共性值的“相似性”所带来的亲和力与凝聚力，才使得整体实现了统一，而且使得这种形式美的共性统一值远远高于其个性变化值。此外，该概念还可以分别从数学、力学和设计学三个领域加以界定。数学性质的平衡指对立的各个方面在数量或质量上相等或可以相互抵消，如“收支平衡”。力学性质的平衡指当两个以上的力同时作用于一个物体时，各个力相互抵消，这种情况下的物体就会呈相对静止的状态。而设计学领域的所谓“平衡”（亦称“均衡”）则是指处于平衡张力下的那种状态，这种状态可能并不总是呈现为平静的状态。设计语法学中的平衡原则所强调的实际上是一种视觉和心理上的均衡感，它所给予人们的是一种安定、平稳、庄重性的满足感，或称视觉力的平衡感，使人觉得画面中心点或中轴线两边引起的视觉兴趣相当。这种视觉力的平衡“不仅涉及形，还关系到前景空间对重力大小的影响、吸引力对重力大小的影响（吸引力取决于另一部分形的关系，与画面形状、特征的相互关系以及心理爱好与好奇心）”②。

平衡原则是使设计图形或形态获得协调性进而达到统一、和谐的重要手段。通常有三种性质的平衡：①对称性平衡（即结构性平衡）：这种平衡往往是静态性的，因为它是一种在以垂直线为中心的两边所形成的视觉相等的状态；②不对称性平衡（即结构性不平衡）：这种平衡往往是动态性的，因为这种平衡不仅需要要素在大小方面有一定变化，而且还需要巧妙地分配空间，这样才能使设计作品充满活力；③总体性平衡：这种平衡多出现在画面要素过多

① 黄刚：《平面构成》，中国美术学院出版社，1991 年，第 4 页。
② 辛华泉：《造型基础》，陕西人民美术出版社，1995 年，第 54 页。

过杂的情况下，这时往往无法形成意义上的对比，只有通过“精简”手段才能获得平衡感。

3.2.2　对比与调和原则

设计艺术中的所谓“对比”，是指将两种以上异质要素（即性质不同甚至相反的要素）配置、组合在一起，通过突出它们之间的差异性的比较和对照，形成一种视觉张力，产生一种保持视觉稳定前提下的动感、变化感和不定感，以便使设计图形或形态具有明显的刺激度和强大的冲击力，不仅使主题更加鲜明、作品更加活跃，而且还能形成作品的趣味中心，从而进一步强化作品的可视性。在任何优秀的设计艺术作品中，可以说，都能体现出对比原则的运用技巧，只是运用的程度不同而已。当我们打算突出作品的刺激性时，会有意强化对比原则，并使其占据主要地位；当我们想要突出作品的和谐性时，会利用柔和性对比来弱化对比的强调功能，并使其发挥一种辅助性的衬托作用。由此可见，“不同的对比度能建立起画面层次感和视觉重点，形成画面节奏性的视觉流动，赋予画面生命力”①。

“对比”亦即“对照”或“比较”，是与“调和”或“和谐”相对的术语。对比现象往往反映在色彩、形态或质感等方面，给人的视觉印象强烈、肯定。广义上讲，一切视觉现象中都有对比因素存在。事实上，设计创作实践中的许多对立关系，如大小、高低、粗细、强弱、轻重、疏密、浓淡、黑白、明暗、冷暖、远近、硬软、动静、曲直、纵横、虚实、正负、图地等，都可以在保持统一的整体感的前提下，进行合理、巧妙的对比处理。

“调和”与“对比”相对，在设计艺术领域是指在具有差异性的事物之间加入能够发挥配合作用的类似或相同性质的事物，使总体产生和谐美。正如尤·拉金所指出的那样，“视觉设计的最低要求，就是把所有部分组织成为一个和谐的整体。所有的组成部分，不管它们之间多么地不相干，都必须相互调和，以互相支

---

① 夏镜湖：《平面构成》，西南师范大学出版社，2001 年，第 18 页。

持。"[1]这就说明,创作主体在其造型过程中要善于把各种要素联结在一起,合理安排各要素之间的潜在关系,使它们既可以共同作用,又彼此调和,形成一个和谐统一的整体,达到视觉上的协调一致,以激起接受主体在鉴赏过程中的最大兴趣。

3.2.3 对称与和谐原则

"对称"又称"均齐",是事物的一种结构性规律,指事物、现象等在一定变换条件下的不变性,是一种由于相似而呈现的平衡视觉,象征一种高度整齐、统一的秩序,是视觉交流的一个重要方面,也是形式美的要素之一。其主要特点在于,整体的各个组成部分既能在形态、数量、质地、尺度乃至性态等方面体现出明显的同一性,又能通过相互之间的亲和统一显示出整体的高度协调性。在设计造型艺术活动中,对称作为一种组合方法,指基本形因在上下或左右方位上发生相同部分的反复而构成的图形。这是一种能够暗示出条理性及平衡特点的设计造型原则。对称的典型特点在于:①依中轴线或中心点出现的形式要么等形且等量,要么等量而不等形;②对称性的图形或形态通常都显得庄严、明快、率直、简洁。

对称设计手段大体上可划分为三大类:第一类是比较常用的"双边对称",或左右,或上下;第二类是使要素从中心点发散开来,或者绕中心点旋转的"旋转对称";第三类是将要素均匀分布在空间中的所谓"晶体式对称"。当然,学界也有从不同角度划分对称形式的。例如,黄刚先生在其《平面构成》中除了划分出"左右对称"与"上下对称"的形式外,还指出,"如垂直轴与水平轴交叉组合为四面对称,则两轴相交的点即为中心点,这种对称形式即称为'点对称'。点对称又有向心的'求心对称',离心的'发射对称',旋转式的'旋转对称',逆向组合的'逆对称',以及自圆心逐层扩大的'同心圆对称',等等。"[2]

对称设计的主要功能在于:①充分体现设计图形或形态的整

---

① 阿·伍·怀特:《平面设计原理》,上海人民美术出版社,2005年,第51页。

② 黄刚:《平面构成》,中国美术学院出版社,1991年,第4页。

体感、平衡感和稳定感；②烘托或者强化设计图形或形态的庄重性格与较为严密的结构特点。然而，任何事物都具有两面性，对称设计法若用得过多，也会带来呆板和单调的负面效果。

另外，与“对称”相对的是“不对称”，它是由对比而产生的一种另类的平衡感，也是在不相似的要素之间创造出来的条理性。不对称设计能使作品产生一种充满活力的动态感，而且还能使相关结构显得十分灵活，从而有利于自由地表现设计的主题。

和谐是形式美的本质之所在。设计艺术领域的“和谐”概念，主要指设计图形或形态在视觉上所具有的那种协调一致性，只有使作品具备了视觉上明显的和谐感，才能满足创作主体与接受主体的共同审美诉求。这就需要使各个要素能自然、协调地融合在一起，而且这种协调性不仅应该反映在概念相似的要素中，同时也应该反映在视觉相似的要素中。由此可见，创作主体必须“在相似性和协调性之间找到平衡点，使各形状间形成协调关系，以获得各个部分的协调和统一。通过巧妙处理邻近性、相似性、重复性和主题的变化性等原则来取得各形状间的和谐”①。此外，在营造设计形态的协调性与和谐氛围的过程中，只有同对比性取得平衡，才能使设计作品产生充满生机与活力的显著效果。这也就是说，作为造型各要素或各部分之间一种整体性协调关系的“和谐”，必须建立在正确协调“对比格局”与“和谐格局”并使它们相对统一的基础上，这样即使其中存在部分差异性，也不至于影响或破坏造型整体的和谐性。

3.2.4　统一与变化原则

设计造型中的“统一”原则实际上就是按照整齐划一律的要求，将图形或形态要素排列、整合成为整齐、统一的组合关系或结构形式，使其具备平衡、对称、照应、和谐等的审美特点。这是一种充满美感的内在统一形式，其关键在于构成要素之间所存在的差异现象是否能够得到恰当的处理。设计实践中运用统一原则的情况与经验表明，对称与平衡可以促使构成要素的配置产生整体感

---

① 阿·伍·怀特:《平面设计原理》，上海人民美术出版社，2005 年，第 59 页。

和稳定感;将相似形有规律地组合起来,可产生节奏性的运动感;连贯性的色调因素和逐级过渡的明暗效果,可以使画面统一而完美;而空间的统一性则主要取决于对造型因素中背景的具体处理情况。总之,设计造型中的完美统一形式无不建立在形态的整体与部分之间或部分与部分之间的共性或共同点的基础上,只有实现了"统一"的宗旨,繁杂混乱的缺点才能消除,视觉疲劳现象也才得以克服。

"变化"指事物在形态或本质上的转化过程。在设计艺术中,"变化"原则主要是指通过要素之间的某些差异来克服因过分统一而造成的缺乏生机的呆板现象。其前提是不能使这种变化影响到造型格调的完整性和协调性。这就要求创作主体在运用变化原则时始终遵循"统一中求变化"、"变化中求统一"的基本规律,因为统一与变化的关系是对立统一性质的。

3.2.5 节奏与韵律原则

节奏是事物在运动中形成的一种有规则的、周期性的、连续的重复过程,是宇宙间许多自然现象的基本原则,它几乎无时不在,无处不有。在整个人类的现实世界中,大到日、月、星球的天体运动,小到人体的呼吸、心跳与脉动,构成了一个极其复杂的节律体系。不过,上述这些节奏都是自然存在的客观性节奏,它们产生于相同或不同事物、现象之间的交错、呼应和规律性的重复。而音乐、舞蹈、绘画、诗歌、设计艺术中的节奏,则是主观性节奏,是人为创造的、第二性的,是外界事物或现象与创作主体身心的情绪律动(内在节奏)相互作用的结果。

在设计艺术领域,节奏既是建构设计语言之等值化艺术形态的要素,同时也是人们感受设计艺术形象的审美模式。在视觉设计中,同一要素的连续性重复所形成的运动感是节奏,相似形组合为一体所产生的那种和谐性的动感也是节奏。无论是重复性的节奏,还是交替性的节奏,抑或是渐变性的节奏,它们都能驱使接受主体的目光沿着画面移动,使其产生愉悦感,进而最大限度地激发其审美想象力。

在音乐和诗歌语言中,"韵律"概念是指音、韵、声调等成分的呼应性、共鸣性与回荡性的艺术配置方式，是一种音响审美结构，它将涣散的声音联络、整合、配列为一体，使其产生了组织化和音乐化的审美特征，因此，是形式美的重要方面。韵律同节奏的主要区别在于，节奏是一种时值系统，是被特定模式所中断或者切分的时间流，常以节拍或“顿”的方式表现出来；而韵律是一种音质系统，即一种音乐形式。一般来说，韵律是基础，节奏是表现；韵律提供的是相同的音响图式，而具有差异性的节奏，则是对韵律的具体实现。二者之间存在着一种有机的联系。

而在设计造型中，韵律是由于造型要素的反复出现而形成的，是节奏的升华形式，是节奏的进一步情绪化，也可以说，是节奏中所蕴含的足以使人产生满足感的意蕴或情趣。它所呈现的是一种富含曲线性质的美感。“平面构成中单纯的单元组合的重复易于单调，由有规则变化的形象或色群间以数比、等比处理排列，使之产生音乐和诗歌的旋律感，称为韵律。有韵律的构成具有积极的生气，加强魅力的能量。”①

总之，设计艺术领域的节奏和韵律都是借助于力的流动而形成的。作为一种力的运行方式，它们既是用来强化设计图形或形态之生命力度与美感的特定视觉力的表现，同时也是催生动态意象、产生条理性秩序美、营造均衡及和谐性视觉效应的重要途径。

3.3　设计语言的造型文法

设计语言的造型文法亦即造型手段。这是遵循人的视知觉规律和造型艺术的审美特点，将基本形组合为相对完美的设计艺术形象——意象形态的手段或方法，是将从日常生活中感悟、体验、认知和习得的内容创造成感性形象的方法。最常见的造型方法有近似、重复、密集、发射、打散、分割、渐变、特异、同构、解构、象征、陌生化、变形等。其实，严格说来，上文所提到的“对比”、“变化”等造型原则也具有造型法的性质。

① 黄刚：《平面构成》，中国美术学院出版社，1991 年，第 4 页。

3.3.1 近似

自然界里的物体就像同一棵树上的叶片一样，不存在绝对的相同性，它们充其量也只是相像而已。这种“相像而不相同”的特征就是“近似”或“相似”。在设计艺术中，这种近似性可以表现在色彩、肌理、形象或形态、大小、配置方式等许多方面。而近似形所呈现的往往是相同族类的关系。设计实践中，创作主体所应把握的是运用近似的大小程度。近似程度小时，不仅会伤害到造型整体的统一感，而且会大大削弱近似法的造型功能；近似程度大时，又会产生一种重复的感觉。近似法的基本功能在于：①在统一的设计图形或形态中营造生动的变化感；②在近似的形象中加入某种局部性的变化成分，可加强形象的可视性；③近似形象中的相同成分，可增加作品的整体和谐感，从而强化其群体力量。

近似与重复、渐变之间既有联系也有区别。它与重复的不同之处主要表现在近似中包含有一种明显的变化性的趣味。与渐变相比，二者各自变化的规律性强弱程度不同：近似的变化规律性弱，基本形及其他要素变化大而活泼；而渐变的变化规律性强，基本形有严谨的配置关系。

3.3.2 重复

在同一图形或形态的设计中，通过相同形象或某一基本形的多次出现，从而获得统一感和规律性的手段，即为“重复”。康定斯基指出，“重复是强化内心情感的一种有力手段，同时也是创造一种最初节奏的有力手段，这是一种在任何艺术形式中达到最初和谐的转换手段”[①]。在造型设计中，“基本形可以利用其自身的不对称性，旋转方向进行配置，既可单独重复，也可单元重复，还可以采用正负形的方法搭配出各种图案效果”[②]。在设计艺术领域，重复是使画面产生活力及秩序感的最简便方法之一。在公益海报《树》（图 11）中，作者尼古拉斯·卓思乐以重复的构成形式，向观众展现出一片没有树木的荒野，来表达自己对人类砍伐森林的愤

① 罗世平等：《康定斯基论点线面》，中国人民大学出版社，2010 年，第 22 页。
② 赵芳等：《艺术形态构成设计》，冶金工业出版社，2008 年，第 33 页。

怒和对未来的担忧,并借此让民众意识到保护森林的重要性。

重复的特点是:①形式简单,容易操作;②骨格线之间的等距离性有利于营造画面秩序井然的节奏韵律效果及统一感;③重复所突出的是基本形或设计要素的共性特征。正是上述这些特点,才使得重复具备了独特的足以强化视觉记忆的功能。

设计艺术中的重复法可大致归纳为三种类型:其一是利用重复图形共用线或共用面来营造连续的整体图形效果;其二是通过图形或形态在自身的相互作用或关照中,利用它们的功能与意义,使它们之间形成一种复杂的循环关系;其三是虽然不属于形态间的循环、重复,却能使一些简洁的图形组织关系具有极为深刻的寓意,而且,这些寓意往往带有一定的哲理性。

图 12 是韩家英先生为设计界所组织的主题海报展览而设计的海报作品——《沟通、融合》,目的在于透过相互交叠的两幅面孔唤起人们交流思想、融合精神的意愿。

图 11　《树》公益招贴
作者:尼古拉斯·卓思乐

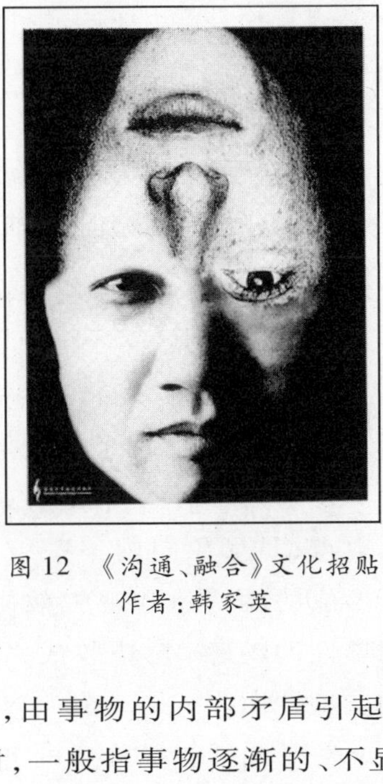

图 12　《沟通、融合》文化招贴
作者:韩家英

3.3.3　渐变

通常意义上的"渐变"又称"量变",由事物的内部矛盾引起,是事物运动的状态之一,与"质变"相对,一般指事物逐渐的、不显著的变化。而作为一种在个性、变化性、丰富性等基本指数方面都超过"平衡"的形式美表现形式,渐变通常指将属性与形态等相近的事物循序展开，通过它们之间依序产生的凝聚力和亲和力，来营造整体的和谐，这种依次的排列组合形式发挥着使各部分之间的个性化差异趋向于模糊，进而形成相似性乃至同一性的特殊功能，并产生强烈的节奏感。

在设计造型中，将骨格和基本形依一定的节奏秩序进行渐进式配置与排列的手段称为“渐变”。“渐变是一种极具规律性的现象，将其运用在视觉设计中，能产生强烈的透视感和空间感，显示出一种有顺序、有节奏的变化，是一个从简单的具象认识到复杂的抽象创作的过程。”①渐变手段的正确运用非常有助于营造设计中造型的空间透视感。常见的渐变形式包括营造空间感的大小渐变、体现形象发展进程的形象性渐变、依次改变基本形方位的方向性渐变、渐次改变基本形色彩亮度的明暗性渐变、使基本形产生完整或残缺变化的整缺性渐变、通过一组骨格线进行有序变化的单向性渐变、通过两组骨格线作有序变化的双向性渐变、使基本形在一定的骨格线范围内发生依序变化的位置性渐变等。这些不同的渐变形式都能给人带来协调性及韵律的感觉。

运用渐变设计法的关键在于恰当把握渐变的速度，因为渐变的速度过快，会使人的视觉产生跃动或不连贯的感觉，从而导致“规律性”的丧失。但若渐变速度过慢，又会使人产生乏味的重复感。

3.3.4 发射

“发射”是仿效自然界中许多事物的发散性形状特点，将基本形或骨格线围绕一个中心作有规律的方向性安排的一种造型手段。发射是一种特殊的重复，它的基本特点是：①作为视觉焦点的发射点，是形象向内集中或向外散开的中心；②发射点可隐可现；③形成的韵律感和视觉效果强烈；④密集的骨格线会带来光学上闪烁性的动感；⑤外散式由大到小的变化形式，往往产生“渐变”的造型性质。

发射包括收拢性质的向心式发射、外散性质的离心式发射、箭

① 李虹：《图形构成在创意表现教学中的作用》，《装饰》，2003年，第6期，第30页。

靶图形似的同心式发射、具有空间层次感的多心式发射、旋绕的基本形逐渐扩大的螺旋式发射等。此外，发射的基本形可以近似、渐变、重复，独立与否皆可。

例如，在《罪无可恕》（反免罪）（图 13）这一招贴设计中，作者安德雷·刘易斯以独特的构思将恐惧的表情以从小到大的衍射方式斜置于红色背景上，从而使抽象概念具象化为一种足以使受众获得深刻心理体验的视觉效果，真实自然地表达了犯罪就应得到惩罚的理念。

图 13　《罪无可恕》（反免罪招贴）
作者：安德雷·刘易斯

3.3.5　互换

“互换”指设计中的创作主体为营造二维空间中图形与背景之间的一种非定向性的动感或视错觉，通过对它们进行无间隙性的镶嵌式整合处理，获得因视觉中心的变化使二者产生不分前后、不论层次、互作背景之审美效果的巧妙手段。这类设计作品以反差较大的黑白二色相间的情况居多。

3.3.6　打散

设计创作中的“打散”是一种“先打散再组合”的造型方法。具体地说，就是先将一个完整的形态自由分解或规则性切割为若干部分，再以此为造型要素（或全部或部分）按特定要求组合为新的形象的设计构成手段。其特点在于，“有利于抓住事物的内部结构及特征，从不同角度去观察、解剖事物，从而从一个具象的形态中提炼出抽象的成分，用这些抽象成分再组成一个新的形态，产生新的美感”①。这既是对原具象形态各抽象成分的分析与审视，同时也是对新造型的面貌、特征、美感等方面的认知和把握。在打散

① 黄刚：《平面构成》，中国美术学院出版社，1991 年，第 48 页。

法的应用中，“使用部分打散的要素时，同一性元素的重复组合，容易创造出节奏和韵律，效果协调统一；相异性元素的对比组合，具有跳跃的动态，效果新颖活泼；部分不同元素的自由组合具有强烈的装饰性，能表达多种含义”[①]（图 14）。

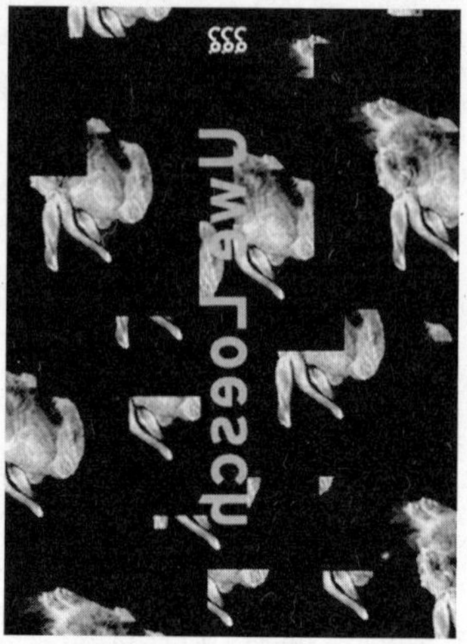

图 14　乌韦·韩斯海报设计

3.3.7　分割

任何一个完整的设计形象都是由许多形组成的。因此，所谓“分割”，顾名思义，显然是指将一个整体分割或切分成若干部分的方法，这种现象在日常生活领域经常可以遇到，设计艺术中也多有应用。分割的种类包括分割线间距相等、形状相同的“等形分割”；随意、非规则的“自由分割”；按比例操作的具有整体协调性的“黄金分割”；便于组合的平方根矩形分割；将矩形作连续对半分割的等比分割。自由分割法因可产生变化而给人以活泼感；依纵横直线方向的分割，有助于产生强烈的统一感和稳定感，再加上斜线的参与，同样能带来丰富的变化；符合审美哲学原理的黄金分割可给人以舒服、明朗、清新的秩序感。

3.3.8　密集

“密集”是一种较为自由的构成形式，指排除骨格干扰、按照特定目的和方向，在图面上或疏或密地安排基本形，使其产生虚—实、松—紧的对比性，从而具有节奏感和视觉张力的设计手段。这种手段最突出的功能，是可以通过形态的疏密变化同空间建立起紧密的联系。密集结构的基本特点在于：①最疏或最密之处多为整体的视觉焦点；②密集形式所体现的是不失秩序感的自由性及韵律感；③形式整体所展示的是一种主次分明而又密切相关的视觉流程；④密集结构的形态之间，是一种变而不乱的有序关系，其

① 辛华泉：《造型基础》，陕西人民美术出版社，1995 年，第 38 页。

外围形态尤其如此。

密集结构的基本形式有三种：①以点形态为中心的点式密集；②以线形态为中心的线式密集；③以实面形态或虚面形态为中心的面式密集（图15）。

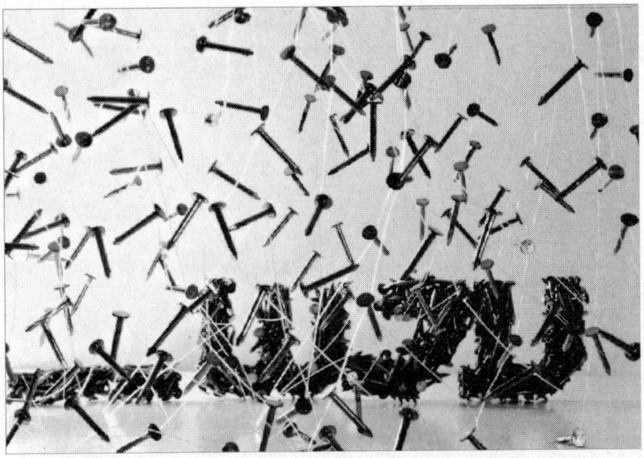

图15 《现在》文化招贴 作者：欧德·艾泽

3.3.9 变形

"变形"是指以点、线、面等为要素，以象形及意象为原则来改造自然形态的一种造型手段。常用的变形有以下几种：①目的在于删除不必要的部分，简单化或浓缩次要部分，夸大主要部分，以及突出形态的外形特征、结构规律和运动感的变形；②通过特殊手段（如网格法等）使自然形态获得奇妙的喜剧性视觉效果的机械性变形；③根据群化原理将完整的形象作分割、离散、部分掩盖性的空白或残缺性的变形；④通过点、线、面等基本形的组合，使之产生节奏韵律感，进而表现相关形态之生命活力性质的变形。变形源于抽象观念的驱使，最常用的方法是对比和夸张。

3.3.10 特异

"特异"是一种变异或突变，即"规律的突破和秩序的局部对比。在整体规律之中，一小部分与整体相反，又不破坏整体。"[1]这是在设计造型中营造视觉焦点的一种手段。其前提是在同质形态

① 席涛：《图形创意》，东方出版中心，2004年，第144页。

的群体关系中加进足以发挥“打破常规秩序并形成视觉刺激”作用的少数要素，使之通过对比成为突出的特异成分。特异最突出的功能在于改变画面平淡、呆板、单调的形象，使设计图形或形态获得生动活泼的视觉效果。这就要求设计的创作主体具备下述能力：①能够正确、恰当地把握与运用特异成分的比例或程度，这是因为：一方面，滥用或者比例用得过大，容易摧毁整体形态的统一感；另一方面，特异成分不够突出，又容易使形象平淡，从而无法吸引接受主体的视线，自然也就产生不了共鸣；②在选择特异元素（如大小、位置、形象、色彩、肌理等）方面，需要具有灵活、巧妙的思维、构思能力。常见的特异表达形式反映在肌理与材质、图地与空间、形状与结构、比例与位置以及图形渐变等方面。而其基本特点则在于整体部分明显大于特异部分，或者说，在确保足够大的基本形一致的前提下，使一小部分作为特异基本形突出出来。

3.3.11 同构

众所周知，人类的许多创造物都蕴含着同构性的因素，如“飞机—鸟”、“潜艇—鱼”、“叶脉—肺”等。人类之所以能用设计语言进行跨民族、跨文化的无声交流，根本原因就在于：①创作主体在造型过程中巧妙地利用构成事物之间关系的“同构”现象，透过映射性处理，使得一个系统的结构在另一个系统中表现出来；②接受主体对设计语言“能指”符号的解读，同样是通过“同构”的探寻方式来认知与把握其“所指意义”的，只是设计作品中的同构现象，有些发生在形态之间，有些则发生在形态与意义之间罢了。

由此可见，“同构是指利用不同元素之间存在的某些相似性质，按一定的主题进行组合，它是建立在重像形式基础上的意义、心理和本质的表达。同构的本质是物象在形态、表现、文脉或意象等方面相似而形成的整合状态，实际上就是在某方面构成中的元素替换。同构的手法所要实现的就是要改变固有的形态，以非常人预料的形态打破原有物象的常规性，当然这种置换要建立在一定的意义、性质基础之上”①。在通常情况下，“设计的形态具有两

① 赵芳等：《艺术形态构成设计》，冶金工业出版社，2008 年，第 73 页。

种‘同构’情况：一是形态之间的同构。二是形态与意义的同构，两者不可分离，形态的价值取决于意义，而意义则靠形态所表现的组织关系来体现。设计形态是在寻找与意义能够产生同构的形式符号，这是设计的思考意象”[①]。如果换一个角度思考，则存在着两种不同性质的同构形式：①利用两个或多个性质相同的物象组成一个图形或形态的“同质同构”，这种同构形式构成的图形或形态不仅能产生多义现象，而且可通过激发接受主体的多种联想来了解其包含的语义信息和精神；②利用两个或多个性质不同的物象组成图形或形态的“异质同构”。格式塔心理学的“异质同构”观点认为，各种事物的外部形态虽然不同，却可能存在相同的内在结构或力的样式（即事物的内在结构与运动变化规律）；而在人的情感、视知觉活动以及视觉艺术形式之间存在着某种对应的关系。这样，当上述几个方面的力的样式达到结构上的一致时，就会激发人们的审美经验，从而使人们感受到艺术作品形式之或平衡或运动的活力与生命力。在设计艺术实践中，创作主体除了以异质同构的原理寻求与确立形质相异，其结构及力的样式除了具有相同或相近之事物间的联系外，还常常用它来构成一种充满荒诞怪异、

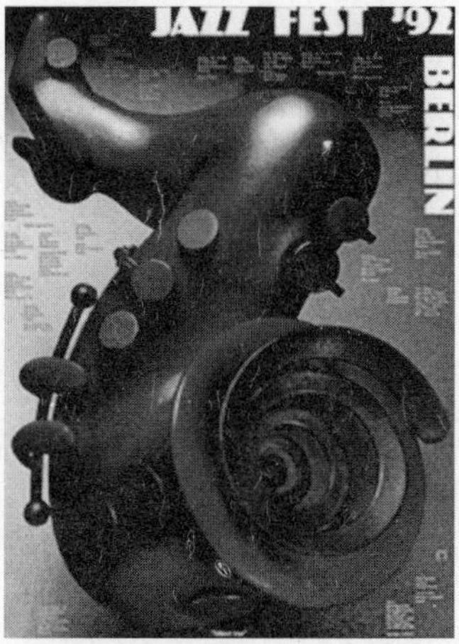

图 16　1992 年柏林爵士音乐节招贴　作者：金特·凯泽

图 17　《保护自然遗产》公益招贴
作者：U. G. 佐藤

① 舒湘鄂：《设计语义学》，湖北美术出版社，2001 年，第 12 页。

生动幽默的虚拟物象。它们所呈现的设计语言由于具有非逻辑性而容易产生强烈的视觉震撼、歧义乃至各种各样的联想。（图 16、图 17）

3.3.12 陌生化

“陌生化”又译“反常化”，是俄国形式主义文论派创用的概念，原本用于诗歌语言的研究中，现已成为各种艺术语言的普遍原则和通用概念。陌生化的本质在于，它是一种艺术程序，一旦使用这一程序，就会使我们在感知某一事物时，增加感受的难度和时延，亦即加大理解艺术语言的难度，迫使我们克服习惯性的接受方式并改变自动化的机械式的思维定式，从而对作品的表现方式产生强烈的新鲜感，把审美注意充分调动起来，共同参与和完成美的创造。总之，陌生化手法是通过对习惯化的感受方式与理解过程的颠覆或破坏，使人们习以为常的已经钝化、程序化或惯例化的感觉方式真正活跃起来，从而使语言的意义产生飞跃性的变化。例如，在图 18 的海报设计中，作者就使黑色的音符同肢体相互交叉的两个舞者“令人费解”地缠绕在一起，从而突出了“为舞蹈而音乐”的国际舞蹈节的主题。

在设计艺术领域，我们有时会遇到使用悖异手段造型的现象。从严格意义上讲，这种可以用在材质与肌理、形状与结构、图底与空间、比例与位置、物与影等诸多方面的造型手段同样符合“陌生化”理念。因为“悖异的特殊性既体现为作品中图与形的特殊视觉面貌，又体现为设计者营造图形的特殊表现方法。具体来讲，是指设计师以悖（相反）异（不同）于事物固有的客观自然规律和常规普遍逻辑去表现事物，并充分发挥主观联想和想象，将现实与幻想、真实与虚幻、主观和客观有机地结合统一，从而创造出作品中反常、变异和矛盾的视觉形象和画面”①（图 19）。

① 罗润来：《图形视觉悖异传达与逆向思维》，《装饰》，2002 年，第 7 期，第 66 页。

图 18　1995 年荷兰舞蹈节海报
作者:Studio Dumbar

图 19　法兰克福爵士音乐节招贴
——树皮小号　作者:金特·凯泽

3.3.13　解构

作为一种文化美学方法论,“解构主义”原本是西方文论中的一种反传统的思潮,出现在 20 世纪后期的文学、美学、哲学乃至整个文化领域。它从结构主义营垒中冲出,是对结构主义的传统、陈规、形而上学中心理念的反叛。作为一种思维转型的方法论,其正面价值几乎影响到了整个文化领域。审美形态学研究表明,“解构”和“完形”是审美主体营造感觉美进而形成艺术美时,常常运用的既相互联系又彼此对立的审美创造法则。其中,完形法本身所具有的整体性、具象性和人格化的特征决定了它有益于具象性审美作品的创造,因此多用于营造形象艺术美;而解构法本身所具有的局部性、抽象性和物性化的特征则决定了它更适合于抽象性审美作品的创造,因此多用于营造象征艺术美。就设计艺术而言,具有反“构成主义”风格的解构性设计方法是一种开放化、变异化、缺乏中心含义的艺术表现手段,它不考虑图形或形态的整体性、转换性、自我调整性等结构主义的特点,而是坚持由“综合”转向“拆解”的理念,强调“碎裂重组”等新的视觉表达方式,主张自由地把握与处理图形或形态的形状、色彩、比例、方向等,毫不顾及常用的构成规律和秩序。为了强化视觉冲击力,常常竭力突出图形或形态的残缺状态,或者故意使视觉元素呈现一种偶然组合在一起的神秘感，甚至不惜通过极具动态性的图形来营造失衡、失重等危险性视觉感受，有时索性违反常规、常理，创造出种种标新立异的图形或形态。这就使得解构图形呈现为残缺、散乱、动势、奇艳、突变等。[①] 例如，在图 20 的荷兰舞蹈节招贴设计中，作者格尔·登贝用解构手法将影像切割，强化了人体的躯干与四肢，加上自由舞动着的字体，画面完美地呈现了舞蹈的优美与动感。

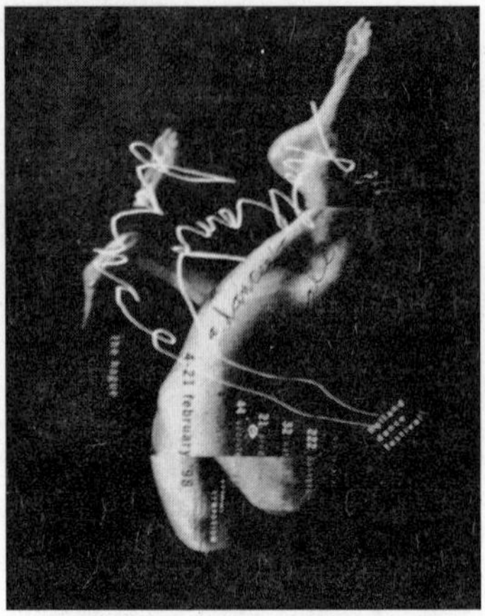

图 20　荷兰舞蹈节招贴
作者：格尔·登贝

3.3.14　模仿

出于人类天性，所谓“模仿”指创造出与某种事物相似却又不失新奇感的东西。这是一种以特定传统原形（各种自然形状或符号）为参照物激发设计创意的造型手段。模仿手法和理念自古有之，而且生命力特强，极具突变性和传承性。它是一种手段，而不是目的之所在，且只能突破原型参照物的束缚来创造与时俱进、符合时代精神的设计作品。模仿可按形式、内容、功能、结构、方法等不同的性质，区分出各种类型。

3.3.15　象征

“象征”指“用具体的事物寓意某种特殊意义。在艺术创作中，作者通过描写与主题有关联的事物并予以间接的暗示，显示出较之本身更为丰富的内涵……现代意义的象征建立在主、客观高度统一和主观意识被空前强化的基础上，为此，作者往往通过对寓意对象的变形夸张，使之最大限度地显示出主体意识”[②]。而《辞海》对“象征”所作的界定为：“文艺创作的一种表现手法。指通过某一特定的具体形象来暗示另一事物或某种较为普遍的意义，利用象征物与被象征的内容在特定经验条件下的类似和联系，

① 参见席涛：《图形创意》，东方出版中心，2004 年，第 72—79 页。
② 《中国大百科全书》美术卷，中国大百科全书出版社，1991 年，第 924 页。

使后者得到具体直观的表现。”[1]就设计艺术语言而言，象征是一种“借象寓意”的语法手段，即通过某种较为简洁的象征性的设计图形或形态来表达特定的事物或概念。例如，①2008年北京奥运会会徽“北京印”的设计就采用了完美的象征表现手段：在那种“似印非印、似京非京、欢乐舞动”的生动形象中，不仅有伟大的中华文化和中国精神，更有13亿中国人办好北京奥运会的雄心和能力（图21）；②世界各国用来反映各民族不同文化的各种图腾也是象征手段的典型表现，无论这些图腾所象征的是吉祥文化、星座文化，还是权力或宗教文化。（图22）

图21　2008北京奥运会会徽
作者：张武等

图22　宝凤集团标志

舒湘鄂先生对“象征”作了这样的深刻描述：①“象征是直接呈现于感性存在的一种现成的外在事物，对这种外在事物并不直接就它本身来看，而是就它的暗示的一种较为广泛的普遍意义来看。象征里应该分出两个因素：第一是意义，其次是这个意义的表现……象征使形象和意义之间产生协调，象征是一种在外表形状上就已可暗示要表达的那种思想内容的符号”；②“一个具有意义的形象之所以称之为象征，主要是由于这个意义不像在比喻里那样明白表现。象征也可以是不暧昧的，前提是必须在感性形象和

① 《辞海》缩印本，上海辞书出版社，2010年，第2081页。

它所表达的意义之间已建立习惯的或约定俗成的联系”;③象征的特点在于:“a. 象征意指自身之外的他物;b. 象征必须介入所意指的对象;c. 象征所揭示的是我们用其他任何方式都无法感触的现实生活中的某些层次……”①

设计图形符号的象征性具有多义性的特征,这主要是因为:①设计图形或形态具有同其他事物诸多关联(如性质上的关联、形态上的关联、意义上的关联等)的特点,极易引起接受主体对其作丰富的联想与想象;②人类社会的发展、时代的进步、时空及环境的不断变换、自身观念的不断更新同样会使设计符号的象征性出现多义的特征;③由于人们在所处环境的地域特色、民族特点、文化传统、宗教习俗、职业及受教育情况、解读图形符号的能力和角度等许多方面往往存在着诸多不同之处,因此这种象征性会产生多义的特点。

设计图形符号的象征性所具有的能指功能主要体现在设计主体或是利用已知象征来象征未知事物,或是通过一个图形符号去象征、指涉若干事物(见图 23)。至于设计图形符号之象征性所具有的所指功能,则主要体现在处于不同时空的不同图形符号,可以指涉同一个事物方面。例如,“和平”这个主题就可以通过鸽子、橄榄枝等不同的图形符号来象征。

另外,无论是那些既有的、约定俗成的象征含义,还是随着语境的变换而不断生成的新的象征含义,应当说,都具有某种程度的动态性特点。人们只有牢牢掌握这一特点,才可能在设计艺术的审美实践活动(或创作,或接受——二度创作)中,不断地挖掘各种“象征”的最新寓意,把握其最新指向。

3.3.16 隐喻

作为常用修辞手段之一,隐喻在设计艺术领域往往被创作主体作为一种理想的潜力资源及造型手段而加以利用。

源于我们周围的一切事物(包括物理存在物和精神存在物、现实的和想象的)的隐喻是一种基于联想和类似性的替代。它既是

① 舒湘鄂:《设计语义学》,湖北美术出版社,2001 年,第 11—12 页。

一种认知思维方式,同时也是一种由此及彼的意义转换形式。隐喻的根本目的在于意义的形象化表达,亦即以另一种更加熟悉和更易理解的观念符号指代或表示特定的观念,而前提在于观念之间需存在某种常识性的类似性特征的联系。就隐喻的本质而言,它是根据另一事物来理解或体验一种事物,或曰在具有类似性特征的两种形象中用一种形象指代另一种形象而意义保持不变的比喻性修辞手法。由此可见,设计造型中的隐喻少不了"此事物"、"彼事物"以及"二者的相似性关联"这三大结构要素的参与。

从修辞学角度讲,隐喻是一种以易喻难、以具体解释抽象的由此及彼或借此喻彼的比喻方式。其"喻体"通常为同"本体"具有某种类似性特征的参考事物(属于已有经验范围),而其"本体"则为被"喻体"所指代的事物。从符号学角度讲,隐喻分为"能指性相似"(即形式相似)和"所指性相似"(即意义相似)两种类型。这种建立在喻体和本体之间相似性关联基础上的隐喻,其相似性在构成隐喻之前就已为人们所熟悉。认知语言学认为,隐喻是普遍存在于人的各种认知活动中的一种思维方式,其"认知力量就在于将'始源域'(即喻体——笔者注)的图式结构映射到'目标域'(即本体——笔者注)上,使人们从始源域的图式结构中获取对目标域更清晰的认识"①。

以上论述告诉我们,设计艺术的创作主体要想正确运用隐喻手段,就必须牢记下述三条基本原则:①尽可能使用那些极具针对性的图形元素来营造隐喻结构;②在不同的创意方案中,尽可能选择那些足以引发恰当联想的隐喻;③设计创作过程中,既要考虑意义上的关联性,同时还应恰当而巧妙地将两者的形象融合起来。

设计艺术造型中的隐喻具有以下几种功能:①由于隐喻能使我们从喻体的图式结构中加深对本体的清晰认识,使那些复杂难懂的概念通俗化,因此可大大简化对设计图形或形态意义的认知过程;②由于隐喻往往能使我们获得观察特定事物的新视角并产

① 廖宏勇:《图形界面的隐喻设计》,同济大学学报(社会科学版),2010 年 6 月,第 21 卷第 3 期,第 76 页。

生新的认知，所以有利于为设计艺术的多元化探索新的路径；③隐喻有助于使我们将陌生事物映射到已了解或熟知的事物中，从而既能强化设计作品语义的自我表达，同时也能降低受众解读图形符号的难度；④通过所指相似性隐喻所生成的辅助性内涵意义，能够传达出作品很难直接呈现的理性意义；⑤既是情感表达方式又是创造情感空间并进行相关交流之工具的隐喻，有利于触发人们的感觉及情感交流的潜在需求；⑥富含隐喻内容的图形符号，有利于促进不同民族之间的跨文化交际。

3.3.17 布白

“布白”又称“留白”，亦即通常在文学、绘画、设计等艺术领域所称的“空白”，有广义和狭义之分。广义指一切起背景作用的基底空间或称物象以外的空间；狭义则指画面中形体留出的区域或部位。布白是设计艺术中一种重要的形式语言、一种积极而简洁的造型方式，是“意到笔不到”的表现手法。

作为传达信息之媒介，布白所营造的是一种虚的空间，往往同实形一起生成审美境界。画面中的空白虽然是设计图形的虚处，但它并非绝对空无，而是一种抽象的无。它在与实形相互依存、相互矛盾、相互转换的过程中，负载着无限的神韵和意趣。设计艺术中的布白手法既体现了“虚实统一”、“有无相生”、“空灵”、“空寂”等中国古代先哲与禅宗的哲学思想，同时也体现了设计图形或形态中那种“情理之中、意料之外”的意味。

布白手法的审美功能主要体现在下述各个方面：①既可合围主要形象，使之与次要形象隔离，同时又能使画面空间前后层次分明；②强化设计作品的视觉张力，把接受主体的视线由有限画面引向无限想象的空间，并通过对象外之象的联想，经过自己的再创造，幻生出新的审美意境；③促使接受主体同设计艺术作品产生沟通与对话；④通过图与底、虚与实、有与无的相互转换，使视觉产生节奏感，同时也形成了审美空间的对比关系；⑤既进一步强化了形体之间的相互关系，同时也使形态获得了新的复杂的样态。

例如，在图23《人与自然》系列招贴设计中，张达利先生精心组织画面结构，通过大面积留白来营造画面的空灵和深远的意境，从而体现了道家“虚无相生”、人与自然融合的理念。

图 23　《人与自然》公益招贴之《水》、《气》,1996 年　作者:张达利

3.4　造型视觉效应的营造

“造型视觉效应”是指设计造型(图形或形态)带给人们的各种感觉,如空间感(含立体感、进深感、透明感)、量感、质感、动感、节奏韵律感、美感等。这些视觉效应的产生都有其相应的营造方法,虽然其中可能会含有某些共性的因素。

3.4.1　空间感的营造

“空间”是什么？空间是“物质存在的一种客观形式,由长度、宽度、高度表现出来,是物质存在的广延性和伸张性的表现”①。科学一点讲,空间实际上是漫无边际的极致的张扬,通常以四个维度的形式表现出来。空间不仅有正、负、虚、实之分,而且还呈现出平面性、主次性、暧昧性、虚幻性、矛盾性。设计艺术作品中的空间属于形式原理的种。通俗一点讲,空间即或大或小的周围环境,它是形态所依附的东西。因为只有在空间的映衬、烘托下,形态才能呈现出自己的轮廓和形状,人们也才能感受到形态的存在。空间的典型特点在于具有一种虚空性。而作为人们对形态视觉势能之

① 《现代汉语词典》,商务印书馆,2012 年,第 740 页。

感觉的所谓“空间感”，是“根据透视原理，运用明暗、色彩的深浅和冷暖差别，表现出物体之间的远近层次关系，使人在平面的作品上获得立体的、深度的空间感觉”①。空间感是一种潜隐性的运动感，因为它是由立体感、进深感、透明感及空间反转等组合而成的反映张力的综合性感觉，这种知觉性的力场体现出了空间的进深、紧张和流动性的动势或动态，是一种张力的组合形式。设计艺术创作中的构图其实就是营造空间的审美实践活动。

（1）立体感的营造方法：改变平行线的方向或者利用由平行线形成的疏密变化效果；利用疏密关系所导致的阴影效果和光影的渐变效果；利用粗细线所产生的强弱光影效果；通过增加色彩、明暗、肌理等要素来加强立体感。

（2）进深感的营造方法：根据大小和疏密关系将点要素集中；利用肌理的粗细渐变及简单与丰富的效果；利用重叠形的遮挡效果；利用要素的大小、长短对比效果；利用虚实形态的对比效果；利用不同性质、特点的色彩所具有的前进与后退感；平行线向共同灭点的消失；利用放射线本身的进深感；强化透视线消失的角度；形的大小渐变；等等。

（3）透明感与形、光、色等因素相关，因此“透明感的产生，必须具备上下重叠的构成要素，而且相重叠的双方都必须全能看到”；“若上层为透明层，下层为不透明层，则构形有三个条件：①必须是两个形面的透叠，表现透明的部分必须是共用的形；②双方的外形线要有良好的连续；③充分的层性”②。

（4）“空间反转”所表现的是立体图形的视觉运动，其基本方法是“加减视平线或灭点数量，并移动形体位置，构成两个不同视点的形体以一个共同面或共用线联结起来。由于直线、曲线或折线在平面空间中方向存在不定性，故可使形体矛盾联结，构成一个现实中不可能产生的具有视觉矛盾张力的视觉整体”③。

（5）“心理空间”其实是一种形体的外扩现象，是通过立体形

---

① 《辞海》缩印本，上海辞书出版社，2010 年，第 1041 页。

② 辛华泉：《造型基础》，陕西人民美术出版社，1995 年，第 43—44 页。

③ 辛华泉：《造型基础》，陕西人民美术出版社，1995 年，第 44 页。

态对接受主体的暗示性诱导使其产生的一种空间感受。“心理空间的营造手法常用引导与暗示、藏与露、虚与实、疏与密、连通与渗透等，使其层次变化丰富，步移景异，小中见大。”①

在《审判》电影招贴设计中，作者汉斯·希尔曼通过暧昧空间的艺术手法，不但带给观众一种令人难以自拔的迷惑与窒息的视觉感受，同时也呈现出一种《审判》之双向精神交流的意境（图24）。

图24　《审判》电影招贴
作者：汉斯·希尔曼

3.4.2　量感的营造

凡物体皆含有体和量，而量又来自于体。在设计造型领域，量有可测量、可把握的“物理量”和无法测量和把握的“心理量”之分。物理量指形态“实量”的轻重、大小和多少；心理量则指形态内力运动变化的形体表现，是知觉性质的量，是不易被量化的“虚量”，其存在往往缺乏真实性。造型设计中的所谓“量感”多数情况下是指心理的量感，即通过各种量的对比关系的处理方法使人们内心感受到空间量的变化和统一稳定的效果。

设计艺术作品的这种量感，就其实质而言，是设计形态以凝固性形式表现运动变化的一种力象，或者说，是设计形态本身从内部迸发出来的力量。这就表明，创作主体在造型过程中要表现这种量感，就必须首先使自己的设计形态具备足以感染接受主体的潜在力量。营造量感的方法包括形态法、色彩法、肌理法、位置法等。例如，就位置法来说，“人的视觉扫描在位置不同的情况下，会造成空间量的不同感受，中心位置的形态有下沉的感觉；平面空间中，位于上部的形态要轻于位于下部的形态；形态左右分布时，左边的形态重些，右边的形态轻些”②。

① 赵芳等：《艺术形态构成设计》，冶金工业出版社，2008年，第138页。
② 赵芳等：《艺术形态构成设计》，冶金工业出版社，2008年，第53页。

3.4.3 质感的营造

“质感”亦即所谓的“肌理感”，是通过不同表现手法使形态表面组织构造产生的一种表面效果，是物体的特质，也是物质的一种内在属性。质感的不同，能使人产生各种心理上的快感及联想。触觉肌理即“肤觉质感”，而视觉肌理即“视觉质感”。

营造质感时，首先应特别注意符合肌理形态特征的“小、多、棋布”的原则。小不到所需程度，会成为图形或图案；多不到足够的程度，便形不成团组性质的整体表现效果；不具备“棋布”的特点，就形不成一定的面积规模，也就不可能收到质感的视觉效果。其次，还应把握好形态的视觉方位，即恰当处理好尺度及视距因素。视距较近则质感明显，视距稍远则产生整体性的质感效果。此外，尺度过小的肌理如果远视不会产生质感，而尺度过大的肌理如果近看则极易向图形、图案转化。

3.4.4 动感的营造

设计语言中的“动感”，亦即形态所体现出来的那种运动、变化感。它带给人们的是设计图形或形态的动态性质，而非静态性质，而这正是赋予图形或形态的一种生命活力。

常见的动感营造方法有：①只要图形放在四条边线组成的框架内，空间就会产生力场，图形便具有了动感；②几何形的对比、重复、并置、交替、叠合性的排列，可使画面产生动感；③某些设计要素本身就具有动态性格，如三角形具有的那种方向性，就是一种运动感，斜线具有飞跃似的动势，曲线具有动态感，等等；④两个以上的点存在时，或同一要素周期性重复联结时，或划分骨格的线作渐变性排列时，都能产生运动感；⑤用创造幻象或迫使视线移动的方法可以促成运动感；⑥线材的连续容易突出力的运动变化性质；⑦根据大小和疏密关系使点集中能导致运动性方向感的产生；⑧增加形轮廓的模糊性可获得运动速度感；⑨形态中点的集群关系、图底关系以及联想效应是其产生动感信息的三大发生源。

3.4.5 节奏韵律感的营造

“节奏韵律感”是美感中的重要组成部分。这种视觉效应的常见营造方法有：①使点要素连续可产生节奏感；②使形态在大小、方向、形状上呈递增或递减的趋势可产生渐变性的节奏感；③通过重复、交替、渐变、对比而形成的形态组合，具有节奏韵律感，发射法形成的由大到小的渐变效果也能产生韵律感；④由相似形联成一体的组合可产生节奏性的动感；⑤将色彩作方向性抑扬式的配置可产生动的节奏感；⑥使色相、明度、彩度呈有序性渐变形式也可获得节奏感；⑦正确处理好重复构成中形态与间隔的关系可获得节奏感；⑧在平面构成领域，将规律性变化的形象或色群间以数比或等比之配置，会产生韵律感；⑨立体构成中的某些空间限定法，可产生节奏感；⑩立体构成中，若将线性内空间组合中的空间单位配置在系列的中心、端点或转折点，可以强化该系列的节奏感。

3.4.6　美感的营造

具有形式性、直观性、非功利性和愉悦性等品质的"美感"有广义和狭义之分：广义指"审美意识"；狭义则专指审美感受，是人们在依照一定审美标准欣赏或评价客观事物时所产生的情感体验。"美感的基本特点是客观制约性与主观能动性的统一，形象的直觉性与理智性的统一，个人主观的非功利性、愉悦性与社会的客观功利性的统一，差异性与共同性的统一。美感是创造美的心理基础和所追求的效应。"①美感的本质在于它是一种自我关照中的情感满足。在设计艺术领域，美感指审美客体（图形或形态）的内外在魅力对审美主体（设计师及观者）产生的愉悦性的主观感受。可以说，设计艺术造型的美感主要来自作为形态审美属性之前提的心理、情感效应，以及整合动感、量感、节奏韵律感、空间感、质感、和谐统一感等多种因素而形成的基本审美属性。而且，正是这种审美属性最终导致了"设计美"的产生。因此，设计美的营造原则和方法也就是营造造型"美感"的原则和方法。其中，最重要的两大原则是：①按照"设计美"的规律塑造设计艺术形象和艺术意境；②将相关的意向性、形象性、情感性、审美性、个性等一系列因素组

① 《辞海》缩印本，上海辞书出版社，2010 年，第 1281 页。

合成极具审美特性的设计艺术作品。

从美学意义上讲，作为自然美、社会美、艺术美、技术美、功能美、形式美等各种审美表现形态之综合性体现的设计美，实质上是设计艺术的审美创造主体通过创造活动赋予设计作品的一种特殊的审美价值。由于作为大众性公共产物的设计美总是以适应和满足人们的物质和精神需求为基本宗旨，又总是蕴含着丰富的文化信息，所以自然具有了社会性、功利性及文化性。此外，设计美所追求的审美境界从精神层面讲必然是和谐、自由的，从时空角度讲应该是永恒和无限的，从文化角度讲又必须是充满文化信息（文化意蕴、精神、情调、心理等）的。这是超越形式、超越自我、超越功利性之后升华而来的审美境界，更是足以体现美之本质的理想的精神境界。这种境界既体现了设计美的动态开放性，也反映了它的个性气质，既展示了由“象”及“意”的审美认知感悟过程，同时也反映了它的文化性本质。

设计美的基本创造性法则主要体现在创作主体对下列关系的具体运用或处理上：结构方面的内容与形式有机统一的法则，以及完形与解构对立—联系的法则；时空方面的平衡与失衡相结合的法则；方法论方面的再现与表现相结合的法则；等等。

3.4.6.1 内容与形式有机统一的法则

设计美首先是以真、善为核心的内容美同以和谐为核心的形式美的有机统一。对形式具有内在规定性的内容总是决定着相关的形式，而形式又总是相关内容之外在属性的显现。由此可见，决定设计美之外在真实性的形式，只有跟反映设计美内在真实性的内容有机统一起来，才算具备了产生设计作品之艺术美的基础。

3.4.6.2 完形与解构对立—联系的法则

巧妙地运用和处理完形与解构之间的对立—联系关系，是创造设计美的有效手段之一。因为具有整体化和具象化特征的完形手段，不仅可以通过对设计审美对象的整体感知和把握来营造设计作品的整体美，而且可以使静态状且无生命的审美对象，产生动态的具象并获得艺术生命力。而具有局部化和抽象化特征的解构手段，则可以通过对审美对象的局部解构，使其脱离原型物象，进而成为抽象的感觉意象。

3.4.6.3　平衡与失衡相结合的法则

处于自然形态的自然美和社会美，标志着其美质与丑质呈现为一种融合共存的平衡状态，而且就现实世界所蕴含的美质而言，由于受特定自然力的影响，会实现整体的和谐、均衡，并显得异常丰富多彩。而一旦受到人为因素的干扰，就会形成美质的暂时失衡状态，从而成为现实世界美质变化与发展的根据。设计的实践表明：平衡或和谐中往往蕴含着失衡或失谐，失衡或失谐中往往融合着平衡或和谐；平衡或和谐显示出美质与丑质的融合共存，而失衡或失谐显示出美质与丑质的对立与抗衡。因此，只有正确地使二者自然地结合起来，才能创造出理想的设计美。

3.4.6.4　再现与表现相结合的法则

设计美的营造往往离不开再现与表现手法的混合运用。事实上任何优秀的设计艺术作品都是形式上的再现同内容上的表现所达成的完美结合。在设计美的审美创作中，再现物（或再现世界）同表现物（或表现世界）有着密切的联系：作为表现物之现实体现的再现物为表现物提供的是形式或称“躯体”，而作为再现物之根据的表现物为再现物提供的则是内容或称“灵魂”。由此可见，正确合理地运用再现与表现相结合的法则，也是设计艺术的创作主体营造设计美的必要前提之一。

第四章　设计语义学

4.1　概述

4.1.1　设计语义及设计语义学

意义是与声音形式或其他符号形式相联系的客观事物、现象、关系、性质等在人类意识中的反映，是语言单位的“内容”层面。意义是社会赋予的。从某种意义上讲，语言单位在具体语境中所具有的内涵或者所获得的内涵就是语言的意义，亦即语义，而与之相联系的语言外壳及符号则是语言单位的“形式”层面。刘焕辉先生对“语义”这一概念作了较为详细、准确的界定：“语义是人脑对客观事物或现象的概括反映，并以一定的语词形式固定下来：它一头连接客观世界，构成反映和被反映的关系；它一头连接人的主观世界，在每一个人的头脑中贮存着一套反映外部世界不大不小的语义系统（由于各人后天所受的教育和生活经历不同，每个人头脑中贮存的语义系统所反映的世界图景也不一样）；还有一头连接彼此交往的人们头脑中的语义系统，借助一定的语言形式互相沟通，使思想交流和文化传播成为可能。”①

意义是一种极其复杂的现象，“可以从不同的角度进行分析。如从语言单位与所指对象的关系着眼，可分出所指意义；从与说话者和听话者的心理因素的关系着眼，可分出情感意义；从与所要表达的理性或事实因素的关系着眼，可分出认知意义；从与属于非语言因素的情景的关系着眼，可分出语境意义等”②。

---

① 刘焕辉：《言与意之谜》，中国社会科学出版社，2001 年，第 11 页。

② 戚雨村等：《语言学百科词典》，上海辞书出版社，1993 年，第 625 页。

设计语义即设计语言的意义，指设计艺术形态的内涵或寓意。设计语义所体现的主要是对人类生存方式及文化精神、观念的理解或对人类生理感觉的反馈。无论从什么角度来说，设计语义都是一个比较复杂的研究范畴。设计语义既具有造型艺术语言的性质，又具有某种科学技术语言的性质；它既包含着创作主体所意识到的意义，又包含着他尚未察觉到的意义；它既含有确定性意义，又含有未确定性意义和模糊意义；它既含有显现性意义成分，又含有隐含性意义成分；它既与设计艺术形态密不可分，又与设计信息共体存在。

“语义学”是语言学中平行于音位学、词汇学、语法学及语用学的分支学科，着重研究自然语言中语言单位的内容层面，包括语义特征、语义的性质、内在结构、变异与发展的规律，以及语义间的关系等。语义学的研究范围小到微观层面的义素、语义场理论，大到词义、句义乃至篇章语义等，其中还包括了那些受语境因素制约的意义。因此，语义学实质上就是对语言意义的研究，就是对语符释义的研究，也是对“语言能力”的研究。此外，由于语义反映了人类的思维过程和客观实际，所以语义研究往往又离不开对有关哲学、心理学、逻辑学、人类学、社会学等问题的探讨。

“设计语义学”是设计艺术学与语义学交叉、融合的结果，是从一种新的设计文化的角度对设计行为和相关作品之意义的理论性阐释，是对作为形态化或符号化的设计语言的语义的研究。这种研究的突出特点在于，“不考虑设计语言的使用者而只分析表达式的指谓”①。设计语义学用一种新的语言学观点关注设计艺术形态的意义，解释设计语言的外延和内涵，探寻设计形态符号化的精确含义。这种研究不是对物质形态存在的孤立的形式性意义的一般性说明或描述，而是对设计形态所普遍联系的意义的揭示和解读。不过，逻辑学和语言学对“外延”和“内涵”两个术语的解释并不相同。这里有必要加以区别，以利于对语言意义的准确把握。在逻辑学中，“外延”指适合于某一概念的所有对象，即概念所指的一

① 舒湘鄂：《设计语义学》，湖北美术出版社，2001 年，第 16 页。

切事物，如“人”的“外延”泛指古今中外所有的人。而在语言学中，“外延”则指词语的稳固的指称意义，即能够抽象规定出来的“词典意义”。“内涵”在逻辑学中指“反映在概念中的对象的本质属性的总和”，或称“抽象意义”，通常人们也都是这样理解的。但在语言学中“内涵”则是指词语在“词典意义”以外的具体语境中，所获得的各种暗示性附加意义，如情感意义、联想意义、象征意义、语境意义等。

设计语义学的具体研究对象不仅包括设计语言的外延意义，而且还包括内涵意义（情感意义、联想意义、象征意义、语境意义等）；它不仅包括其显现性语义成分，如点、线、面、形、色彩、肌理、材料等能指性表达系统所直接呈现的语义，而且还包括意象、意境、语境等所体现的隐含性语义成分；它不仅包括具有感性视觉形象的物化的设计图形或形态，而且还包括观念、精神传统以及文化内涵等这些无形性的语义元素。

4.1.2 设计形态与意义

“形状”泛指物在空间里的特定外形或轮廓，而“形态”即广义性的形状，不仅包括物之外形与结构，而且还具有视觉量的内涵。存在于现实世界的一切物质性的东西，都具有外在表现的形态。由于人类就生存在这个由各种各样的形态所组成的空间环境中，所以，势必会经常接触、认识、利用、改变甚至创造各种形态。形态的本质是一种力的形象，或者说，是内力的运动和变化。关于这一点，辛华泉先生在其《造型基础》一书中指出：“形态是物质的，物质是不断地运动变化的，当然形态也是运动变化的，所不同的是形态将运动变化作凝固的形式表现，故又简称为力象。将这种物理性的认识与人的感觉认识结合起来，就使形态成为一种生命活力的形象。从力的角度去认识形态是人类特有的知觉本能，这种认识可以把抽象形与具象形联系起来，从而使抽象形具有意义。”①而另一种观点则略有不同，认为形态是一种具有对立统一变化性质及特定“态势”的形状。这种“态势”能给人以“力在流动”的感

① 辛华泉：《造型基础》，陕西人民美术出版社，1995 年，第 20 页。

觉,从而使人产生出某种生命的印象。而作为一种既是人的需求的物化形式又是设计的存在形式的形态,其本质"是它自身的理化性质和生物性质的内在联系与一定外在因素的相互作用。其作用的结果产生了自然形态和人为形态"①。

具有"认知""实用"和"审美"三大功能的设计形态,属于与自然形态相对的人造形态之列。作为一种造型语言呈现形式的设计形态,它是设计语义的物质载体,也是一种蕴含着指称意义与象征意义的艺术符号。作为指称性符号,设计形态可以使人根据自己所积累的经验作出某形态"为何物"的判断。而作为象征符号,设计形态则可以使人通过一定的联想获得某形态"怎么样"的心理感悟。设计形态是不同于自然界物体之表象形态的人造形态或称造物形态。这种形态通常都具有特定的审美意义。它是创作主体的思想、理念的一种物化形式,所创造的语言是一种符号化的语言,因此,设计形态就既具有物质性和审美性,又具有实践性和理论性。

设计形态既然是一种艺术符号或符号系统,就意味着设计活动所创造的是一种符号化的语言,从中体现了多维的创造性。我们知道,符号是用来表达意义的,也就是说,一切意义的表达都必须通过接受者所能感知的符号才能实现;何况,任何一个物化的设计形态中,都携带着一定的信息能量,所谓的"意义",其本身就是从符号所蕴含的信息中产生的。在到处都充满了符号的世界里,不荷载任何信息的符号根本就不可能存在。

此外,作为一种视觉元素的设计形态,既是设计对象,又是信息传播之媒介,还是事物特性的表征,属于设计语言中表达意义的积极的能指性表达系统。设计形态与意义之间的关系,是一种异位而同体的同构关系。意义正是通过设计形态的结构关系体现出来的,而这些意义又决定了设计形态存在的实际价值。这样,创作主体在其全部造型活动中就需要实践两种基本要求:①创作主体的思想、理念和意图(即意义)需要物化于接受主体能够感知的媒

---

① 林华:《设计艺术形态学》,河北美术出版社,1997 年,第 48 页。

介性载体（即设计形态）中；②所创造的设计形态需要成为容易使接受主体进行感性把握、进而深刻领悟的对象。

4.1.3 设计信息问题

《语言学百科辞典》对"信息"这个概念作了这样的界定："信息是现代科学最基本的概念之一，与能量、物质一起同为构成系统的三大要素。在通讯理论中为通讯内容和消除通讯者知识不定性的量。广义的信息包罗万象，指人类在适应外部世界并使这种适应反作用于外部世界的过程中，同外部世界交换的内容，与原料、能源一样是科学技术和生产的最重要的资源。凡有序的符号序列都是信息的载体，人类发送、传递和接收信息的主要载体是语言……"①从物理学角度讲，信息是一种仅可分享而无法分配或转手的永不消耗的东西。它是依一定方式排列的信号序列。信息既非物质，亦非能量，但任何信息都不能脱离载体而独立存在，它们都有其赖以附着的东西——物质载体。可以说，只有不荷载信息的物质，而没有无物质载体的信息。

从语言学角度讲，尽管信息不等于词语，但语言在各种社会交际活动中是作为一种信息系统而存在的。总之，具有扩充性（实际运用中不断得到扩充）和浓缩性（将复杂事物总结、压缩成一条定理、定律或公式）的信息，是物质载体和语义共同构成的统一体。语言既是信息的载体，又是传递信息的重要媒介。至于信息论的观点和方法，它们早已被广泛运用到了许多学科的研究中。以语言学研究为例，语言学家们不仅通过信息荷载量的分析来探析语音学中的声波特征，分析音段单位（包括音、音节、词、语段和语音句）及超音段单位（包括重音和语调）的信息传递功能，而且还分析句子所含信息单位的配置关系以及语义信息结构等。此外，语言中的一切词语都是具有特定意义的信息代码，它们一旦出现在语境中，就能传递某种理性信息或补充性信息。

设计艺术也是一种信息现象，因为设计艺术的基本目的就在于使设计形态所蕴含的设计信息能量尽可能充分地释放出来，连

① 戚雨村等：《语言学百科词典》，上海辞书出版社，1993 年，第 398 页。

同情感一起呈献给接受主体。若从设计语义学角度审视信息问题，设计形态是设计信息的附着体，而且设计信息的生成、贮存与传递都只有通过设计形态这一物质载体才能实现，信息的效用性也只有通过信息的传递才能反映出来。而创作主体的思想、理念和意图的表达、传递的情况如何又取决于设计形态所荷载的信息的有用性程度。

设计形态通常所包含的信息可分为下述三个层次：①能指形式层（或称语汇信息层），即信息的形式层或载体层，指形、基本形、色彩、结构等视觉信息方面；②所指信息层，指非视觉性的语义、内容方面，这类意义多为深层隐含的潜在性信息；③审美信息层，指创作主体透过设计形态所体现的审美观念、审美个性、审美情趣及风格、特色等。

舒湘鄂先生在其论著《设计语义学》中，从构成设计语言的语法要素、语义要素和语用要素角度，分层次地论述了语法信息、语义信息和语用信息各自的衡量指标以及三者之间的相互联系。他指出，“一般来说，衡量语法信息的主要指标是数量的多少，衡量语义信息的主要指标是逻辑的真实性，而衡量语用信息的主要指标则是对信宿所提供的价值或效用的大小”①；“语法信息、语义信息和语用信息是相互联系的，语法信息只考虑运动的状态和方式，语义信息是将状态和方式与现实的世界联系起来，而语用信息则将状态、方式及其含义与信宿联系起来，三者之间的相互联系构成了信息概念的全部外延”②。当然，如果从严格的意义上讲，设计语言的构成还应当包括“语汇要素”在内。因为，同自然语言的五大构成要素（语音、词汇、语法、语义和语用）相比，设计语言的构成仅比自然语言少了一个语音要素。可见，设计语汇所蕴含的信息能量，同样应包括在设计形态信息的整体结构中。

如果从接受美学的角度讲，任何设计信息都只有通过接受主体的阐释与解读，其语义才算真正得到了释放和传递。而接受主

---

① 舒湘鄂：《设计语义学》，湖北美术出版社，2001 年，第 172 页。
② 舒湘鄂：《设计语义学》，湖北美术出版社，2001 年，第 173 页。

体对设计语义信息的这种阐释是一种综合性的创造性思维活动，其程序多半为：从能指形式层到所指信息层，再到审美信息层，通过综合、概括和升华，完成再创造活动，从而使创作主体的原创语义信息发酵、增值，使之在接受主体那里成为一种更加充满活力的东西。

自然语言中词的意义也好，设计语言中符号的意义也好，如果从功能的角度分析，它们所表达的信息不外乎客观信息、主观信息和结构信息三种。表达客观信息的词义直接对应于物质性的客观外界，故客观信息来源于意识之外。表达主观信息的词义是从说话人或创作主体的内心表达情感状态，以及对客观事物或现象进行主观评价，故称为主观信息。而含有结构信息的词通常有两种情况：①介词、连接词之类的虚词：这类词虽含有一定的客观意义，但不具有称名功能；②部分实词：实词中有一部分虽不能单独表示某种信息，但它们具有组织特性，只要同特定的词搭配在一起，就能显示出结构信息来。对于设计语言来说，图形、形态甚至基本形所呈现出的结构信息远比在自然语言中明显得多，客观信息和主观信息也比在自然语言中直观得多。

若就信息是否直观而论，设计符号所含的信息还可区分出显现性信息和潜隐性信息两种。显现性信息指那些能够直观到的诸如图形、色彩、结构等设计符号直接释放出来的信息；潜隐性信息则多半指不易为人们所直觉的附加性信息，如情感信息、审美信息等。

最后，就其本质而言，设计信息同其他艺术信息一样，同样是一种虚构性的情感化社会经验，属于习得性信息中的一种社会信息，与自然信息有别。这种信息是通过设计艺术题材和设计艺术情怀融合而成的。至于设计信息的加工，其实就是创作主体依照虚构原则整合情感化社会经验，并妥善处理题材上的“虚”与“实”和情怀上的“真”与“伪”之矛盾的过程，既要使这些信息全都符合生活逻辑及生活常识，还应该使创作主体“所抒确为所怀，所怀确为所感"①。

4.1.4 义素及语义场问题

"义素"和"语义场"是语义之微观层次研究中的两个基本概念。

义素又称"语义成分"、"语义特征"。尽管义素并不是自然语言的单位,而是理论上分析出来的语义单位,但是许多语言学家正是通过义素分析的方法来解剖复杂的语义现象的。这是一种既矛盾又有趣的现象:一方面,人们可以借用自然语言来描述和分析这些语义特征;另一方面,又无法在语言体系中直接观察到,而只有当它们聚合在一起时,才能体现出自然语言的意义。② 总之,义素是现代语义学中语义的基本单位或最小的元素,任何一个实义词的意义都可以分解出若干义素来。例如,"母亲"一词就包含了五个义素:①女性(有别于"男性");②长辈(有别于"晚辈");③直系亲属(有别于"旁系亲属");④血亲(有别于非血亲的继母、养母、义母等);⑤第一代(有别于"隔代长辈或晚辈")。

组成设计语言之"能指性表达系统"的各种语汇(包括点、线、面、形、色彩、材料等),也都含有各自的义素——语义特征。例如,①点本身所体现的那种"张力",规则性连接时所产生的"秩序感",不规则连接时所产生的"动态美",充当中心或重心时所体现的"稳定感",不同配置、列阵时所表达的那些视知觉效果;②直线的"简洁"、"坚定"、"直率"感,曲线的"柔和"、"含蓄"、"典雅"感,粗线的"阳刚"、"厚壮"、"壮实"感,细线的"急速"、"纤细"、"敏锐"感;③正方形的"端庄"、"沉稳"、"秩序"感,圆形的"单纯"、"完美"感,等边三角形的"安定"、"坚定"感;④红色的"强烈"、"充实"感,黄色的"扩张"感,蓝色的"退缩"感,暖色的"舒适"、"沉重"感,冷色的"轻柔"感,这些全都是设计语汇所含的义素,设计语义正是在这些语义成分的基础上生成的。

与义素密切相关的另一个概念是"语义场",又称"词汇群",

---

① 黄鸣奋:《艺术交往论》,文化艺术出版社,1999年,第294页。
② 参见陈长茂:《基础语言学》,河南大学出版社,1986年,第89页。

指以共同的语义特征(义素)为基础的一类词或一组词,及按语义的联系所组成的大小不等的词项集合。这是具有相关语义的词群所出现的特定范围。同一个语义场内所包含的一切词汇,都具有一定的共同语义特征。以表示亲属关系的词为例,其语义场即由“父亲”、“母亲”、“祖父”、“祖母”、“儿子”、“女儿”、“孙子”、“孙女”、“叔父”、“婶子”等组成,这些词之间存在着一定的从属关系。而且,一个语义场还可分成更小的子场。例如,家养的动物这个语义场就可以再分为家畜(牛、马、驴、猪、羊等)子场和家禽(鸡、鸭、鹅等)子场。此外,在通常情况下,“词汇之间的聚合关系就是以语义场的形式体现的,语义场的中心是最符合语义标准的词汇,越靠近语义场的边缘,所排列的词汇的意义就越偏离标准语义,但仍属于某个语义范畴,如果超出某个语义范畴,就绝不能归入某个语义场……如蝙蝠绝不能进入鸟类语义场,因为它虽然有翅膀,能飞行,但没有羽毛,又是胎生”①。

创建语义场理论的主要目的是探讨词表达的属概念、种概念和同位概念之间的相互关系,而其主要根据在于,语言词汇中的词存在着词义上的相互联系,这样就共同组成了一个经常发生动态性变化的词汇系统。只有将语言词汇当作完整的系统来分析、比较词与词之间的语义关系,方可确定一个词的真实含义,也就是说,一个词只有作为整体中的一分子处于语义场内,才可能具有自己的意义。这种情况说明,语言中的词汇能按共同的概念组成一个语义场,而且同一个语义场中的词在语义上又是相互依存、相互制约的。可见,研究语义场理论,有利于解释各种语言的不同词汇结构,从而找到不同民族观察与表达外部世界的方法的差异。所谓“义素分析法”,实际上就是将词义分解为若干语义元素,通过词义的对比,从中提取出共同性义素和区别性义素,用一组义素来描述一个词的词义。

总之,“语义场就是由具有某些共同义素的一群词聚合而成的场。这些共同义素可由表示共同概念的上义词来表示,语义场则

① 周瑞敏:《诗歌含义生成的语言学研究》,中国社会科学出版社,2009 年,第 25 页。

由下义词组成。语义场的结构是有层次的。一种语言的词汇可以根据语义特征划分为若干语义场,每个场下面又可划分为若干子场……从场到子场体现了语义的结构层次。语义场中语义概括的范围有大有小。语义场中的词应该是从上义词到下义词。因此一个语义场就是由具有某些共同义素的词形成的层级系统"①。

4.1.5 关于词义问题

所谓"词义",亦即词汇的意义,是词与事物(符号与其所代表的事物)之间的一种关系。这就意味着,客观事物是形成词义的基础及根据,而词义是对这些客观事物的认识和反映。这一点似乎十分容易理解,但要回答"词义是怎样生成的"这个问题,就得从其本质与功能的角度进行考察了。从词义的本质角度考察,可以了解到,词义原本是出现在意识中并且具有一定功能的两种"反映"的联系:一是词的物质性反映,二是事物、现象的反映。例如,当我们听到一种声音或看到一个物体时,头脑里会出现一种形象,意识中会产生一种反映,同时,我们能说出这是什么声音,能叫出该物体的名称来。而当我们听到或看到一个词时,头脑中同样能形成一种形象,这是词的语音或物质方面的反映。这也就是说,一种反映是从事物、现象到表示它们的词,另一种反映是从词到它所表示的事物、现象。这两种反映显然是彼此交叉又相互区别的。这样,在事物、现象的反映同相应的词的反映之间,就产生了一种条件反射性的联系,词义就是这样生成的。

设计语言中语汇(即设计元素)的意义也同自然语言中的词义现象相同或相近。不过,设计语言的语汇所包含的下列三种关系,似乎比在自然语言中显得更加突出。这三种关系分别是:①符号与事物、现象的关系,即所谓"外延关系";②符号与概念的关系,即所谓"内涵关系";③符号与符号的关系,即所谓"结构关系",这种关系是在内涵与外延的参与下形成的。

另外,词与概念的关系以及词与语言中其他词的关系问题是确定词汇意义的两个主要因素。首先,词义同概念是密切相关的,

---

① 陈长茂:《基础语言学》,河南大学出版社,1986 年,第 103—104 页。

因为构成词的理性意义的基础正是概念。两者的区别在于,"词义是具有民族特点的语言范畴,概念是各民族共通的逻辑范畴。词义是特定语言的语音形式包含的内容,概念是思维的形式。概念和词义不是一一对应的关系"①。其次,词汇意义虽然是个别的,但在一些个别词的意义中,含有共同的义素。例如,"吹"、"拉"、"弹"、"敲"这些词所含的共同义素是"用口或手触动乐器"。与此同时,比较它们的词义可以发现,这些词之间的区别性特征在于"触动方式"不同。最后,词义大都具有民族性(不同民族语言中的词义往往有别)、系统性(一个词的词义同其他词的词义的对立与联系)和概括性。

正是根据词义的不同,语言学家进一步将词分为单义词和多义词、同义词和反义词、上义词(指表示概括性概念的词)和下义词(指表示较具体概念的词)、褒义词和贬义词、实词和虚词。

4.1.6 设计艺术符号的能指与所指

一切设计艺术作品都是对"意义世界"的建构,其价值自然也就反映在它对意义世界的建构质量上,或者说,反映在它对相关的生命存在的具体呈现上。众所周知,艺术作品的存在是具有两重性的:一方面,作为物,它具有物质性特征,是一种"物质性存在";另一方面,作为符号,它依凭物质性的能指而存在,是一种"符号性存在"。设计艺术作品自然也不能例外。

所谓"能指",是符号直观呈现的形态,具有物性特征,且能显示所指。设计艺术符号的能指具有三大特征:①具有包罗万象性,即几乎所有事物都能在作品中获得自己的栖息之地;②能指与所指的关系是"非任意性"的,总是受到某种"内在规定性"的制约,如不同的音色(音乐中)、线条与色彩(绘画中)所表达的情感意义各不相同;③能指本身都具有特定的含义,或称"义素能量"。"当色彩、线条作为绘画符号的能指进入作品时,它们本身所具有的这种含义,便也带入作品之中,成为作品整体意义的有机构成因素,

① 陈长茂:《基础语言学》,河南大学出版社,1986年,第83页。

而或多或少、或隐或显地影响着艺术作品所传达的整体含义。”①正因为如此，艺术符号才能被称为“符号的符号”或“二级符号”。从这个意义上讲，包括设计艺术在内的一切艺术的创造都是对符号的再创造，亦即对“意义”的再创造。以上论述说明，设计艺术“作为一种符号的符号，本身是一个具有多层次的能、所指转换的复杂系统，其中每一层次的能指一方面具有自己相对独立的所指含义；另一方面，作为更高层次的能指系统的构成元素又把自己有机地融合于其中而形成新的所指含义。只有当我们把艺术符号的复杂的层次关系揭示出来，艺术作品的整体意义才会完整地呈现出来”②。

至于设计艺术符号的“所指”，乃是内在于能指中的那些被称为“内容”或“意义”的东西。所指无法自我呈现，都是通过能指而显现出来的。设计语言中通常由三大能指系统来承担“意义”(所指)的表达功能：其一是基础性符号能指系统，如点、线、面、色彩、肌理等，亦称“物性能指层”；其二是物性能指组合而成的所谓“整体呈现性能指系统”，如图形或形态；其三是“隐含性能指系统”，如意象、意境、语境等，它们也像图形或形态一样，本身就体现了能、所指系统的层次转换。

4.2 图形或形态意义的分类

设计图行或形态蕴含着三种不同性质的意义，即理性意义、内涵意义和模糊意义。其中的内涵意义又包括情感意义、联想意义、象征意义和语境意义。这里，我们将逐一进行概括性的论述。

4.2.1 理性意义

理性意义又称“认知意义”、“概念意义”、“逻辑意义”、“外延意义”和“词典意义”，与“内涵意义”相对，指词在词典中的意义。理性意义是语言单位所反映的人们对外部世界客观事物本质特征的认识，或者说，是客观事物的反映或概括，是用逻辑方法对语言

① 董志强：《消解与重构——艺术作品的本质》，人民出版社，2002年，第236页。
② 董志强：《消解与重构——艺术作品的本质》，人民出版社，2002年，第263页。

的能指符号加以语义分析之后所抽象规定出来的意义。这是一种较为稳固的客观指称意义,是科学语言的主要特征之一。总之,理性意义所反映的是语言单位与客观事物或现象之间的联系。它是词义的基本构成成分。

关于客观事物的本质特征和非本质特征问题,可以通过下述两例加以说明。①人:以“母亲”一词为例,其本质特征是“人”、“成人”、“女性”等,非本质特征为“温柔”、“矮个子”、“内向”等;②物:以“桌子”一词为例,其本质特征为“一种家具”、“上有平面、下有支柱”“用来放物或做事情”等,而非本质特征则为“白色”“木质”等。本质特征不易改变,非本质特征则是开放性的、不确定的,随社会或个人等因素而有所不同。

理性意义的基本特点在于:①具有稳定性,可以单独存在,对其理解不会因人而异;②具有确定性,因为事物的本质特征是构成理性意义的基础,这种意义被固定地收录在词典里;③随客观事物的变化而变化;④可以分解为若干语义成分。

设计语言中的理性意义,主要指图形或形态所表现的中心主题及创作主体的基本创作理念。一般来说,好的设计作品都能清楚地表达出自己的理性意义,而且由于这些作品主题十分鲜明,所以极易为接受主体所理解和把握。例如,在2008年北京奥运会青岛帆船赛徽标的设计中,作者将Qingdao的两个首字母Q和D整合成“扬帆前进中的帆船”形象,加之以奥运五环醒目色调的配合,便十分自然地渲染了“帆船之都”和“扬帆青岛”的主题,从而将该图形所呈现的语言中的理性意义作了清楚的交代。

4.2.2 内涵意义

内涵意义与“理性意义”相对,指词语在清晰而稳固的理性意义之外,从具体语境中获得的暗示性意义。也就是说,内涵意义是语言单位所反映的人们对客观事物非本质特征的认识,这是词汇意义中由事物的基本特征制约的意义,即一种模糊的附加在理性意义上的补充性伴随意义,是一种主观联想的意义。以“母亲”一词为例,其内涵意义包括“美丽”、“温柔”、“苗条”、“爱笑”等,可以列出许多。

内涵意义的主要特点是:①不能单独存在,只能充当理性意义的附加性语义成分,且因人而异,因年龄、民族、时代而异;②具有明显的不稳定性,经常处于消失与增生的开放性动态变化状态;③人们从主观上或客观上认识的所指事物的各种特点,都可能对该所指事物的相关词语的内涵意义产生一定影响;④不同民族的语言中某些词的内涵意义可能相同,如"狐狸"一词在各种语言中几乎都表示"狡猾"之意。

根据内涵意义的上述性质和特点,通常人们将联想意义、象征意义、语境意义和情感意义也都归入到了内涵意义的范畴。不过,在有些学者的研究中,对其内涵意义是作为附加在理性意义之上的所谓词的"附加色彩"(而不是"附加意义")来描述的。例如,陈长茂先生在其所编教材《基础语言学》一书中,就是这样论述的:"一般讲的词汇意义是词的理性意义,即客观事物在人们头脑中的概括反映。理性意义是词义的基本构成成分。词义中还可以有附加于理性意义之上的某种色彩,即一般所说的形象色彩、感情色彩、语体色彩等等……形象色彩就是词所引起的人们对现实中某些形象的联想……感情色彩就是词对客观事物表示感情或态度的附加意义……语体色彩表明某个词只能用于某个特定的交际场合……感情色彩和语体色彩同形象色彩一样,是长期历史发展中约定俗成的。"①从这段文字中可以清楚地看出,这里所谓的"附加色彩",其实就是指附加性的"内涵意义"。而所谓"形象色彩"、"感情色彩"和"语体色彩",其所指则分别对应于联想意义(含象征意义)、情感意义和语境意义。

4.2.2.1 情感意义

作为艺术之重要审美特征,情感是人们对现实世界客观事物或现象的一种特殊的心理或精神反映。这种反映即审美主体对审美对象(客体)的态度、情感体验或评价,如愉悦、悲伤、喜欢、讨厌、温馨、冷酷、愤怒等。任何门类的艺术都是传达与表现人的情感的知觉形式,而任何艺术作品的信息传达都只有使接受主体产

---

① 陈长茂:《基础语言学》,河南大学出版社,1986年,第83—89页。

生与创作主体相互之间的情感互动，引起接受主体情感的共鸣，才能使作品由艺术“文本”变成真正意义上的“作品”，并具有强大的生命力。

情绪和情感是设计对象与创作主体需要的关系的一种反映，情感的本质内容是通过情绪这种外在形式表现出来的。任何设计图形或形态的心理效应不仅建立在生理效应的基础之上，而且都蕴含着一定的情感内容。设计意象的生成更是充满了艺术情感色彩。因此，没有艺术情感，就没有设计意象的存在；在设计意象所隐含的“意”中势必包含着“情感意义”这种特殊的语义成分。

情感意义是用来表达说话人或创作主体的情绪、情感、态度和意愿的一种不能单独存在的附加性意义，是语言的使用者附加在词语之上的主观性情感—评价意味，如“老天”、“二奶”、“第三者”、“娘儿们”、“敦实”、“秀丽”、“去你的”都存在着或褒或贬的情感意义等。

情感意义是一种取决于个人主观因素的语义成分。词义中的个人性主观成分就是词的情感意义。这种补充性语义成分只有在词语理性意义的客观性的基础上才能被人们感悟到。在日常语言交际中，也只有通过理性意义、内涵意义以及语调、音色、感叹词等手段，才能使情感意义体现出来。若从接受主体角度来看，情感意义还可以被视为一种能从情绪、情感上触动接受主体并使其受到一定影响的语义成分。

当然，自然语言中并不是任何词语都含有情感意义。

设计艺术领域中，任何一件设计艺术作品，尤其是具有宣传、推介性质的作品，都只有倾注了情感或蕴含了情感意义，才能产生亲和力、感染力、号召力和吸引力，从而对接受主体产生强有力的影响作用。因此，优秀的设计艺术作品所呈现的设计语言都充满了这种情感意义的成分。例如，杨·雷尼查为歌剧《沃采克》创作的招贴作品（图25）就再好不过地体现了一种义愤填膺、怒不可遏的极端情感。在这件儿童画似的设计作品中，作者用粗细不等且颇具扭曲感的线条，勾勒出一个紧锁眉头、张口呐喊的人头形象。画面所表现的是主人公沃采克被人嘲弄和遭受妻子背叛，而又无力反抗冷漠世道并最终杀妻的基本剧情。作品使接受主体看到的是满腔怒火的喷发性释放，而在他们心中被激起的则是对这种情绪、情感的共鸣。又如，著名的比利时雕塑作品《于连童像》（图 26）所传达的突出的情感意义，是聪明可爱、机智果敢，而在接受主体内心被激起的是钦佩与赞美之情。

图 25　《沃采克》戏剧招贴设计
作者：杨·雷尼查

图 26　雕塑《于连童像》（比利时）

4.2.2.2　联想意义

联想是客观事物之间各种相互联系的反映，是思维的延伸。在日常生活实践中，当我们接受一个视觉形象时，总会情不自禁地同自己所熟悉的印象联系在一起。这种由一个事物想到另一个事物，或者说，将已有的知识信息同思维的对象联系起来的心理过程，就是联想。在设计艺术中，联想的主要功能在于，激发创作思维，启迪创造性想象，加深对具体事物的认识，促进新的设计意象乃至设计形象的生成。联想是设计艺术中创作心理和鉴赏心理的重要特征之一，离开了联想，设计思维便无从谈起。另一方面，在设计语义的构合中，作为暗示、比喻等艺术手段的基础，联想是设计语义生成中促使联想意义这种辅助性语义成分生成的主动力和积极因素。设计语义构合中的那些心理张力，就反映在对具象性或抽象性联想客体的选择上，与此同时，这些张力也体现了艺术联想手段的新奇、合理、巧妙的运用。

所谓“联想意义”，是指由符号引起的某种联想所产生的意义，在设计语言中，其实就是设计艺术的创作主体与接受主体在创作与鉴赏过程中通过联想所赋予设计意象或形象的一种附加性语义成分。在自然语言中听到“狐狸”一词时，我们会想到“狡猾”；听到“猴子”一词时，会想到“机灵”。在设计语言中，看到某种设计符号时，我们同样会想到某种相应的含义。例如，人们对色彩符号的联想就十分典型：当我们看到红色时，会想到红花、红旗；看到蓝色时，会想到海洋、天空；看到白色时，会想到雪花、白云；等等。这些联想都是人们从长期生活实践中积累的认知经验在潜意识中被激活的表现。这种通过联想所获得的语义成分就是“联想意义”。不过，联想意义是受社会文化背景因素制约的，它反映了一定社会文化观念以及语言传统的特点，因此具有约定俗成的性质。

在设计语言中，蕴含这种联想意义的设计图形或形态可以说是比比皆是。而且，在许多情况下，联想意义又总是同象征意义有着一定的关联。例如，陈绍华先生在北京申奥标志中用中国草书勾勒成的“五环”形象就既可视为象征，同时又能对其作种种联想：它既像中国国旗上的“五星”，又像浸染着亿万国人情感的“中国结”；既像我国民间游戏中的“绷手线”，又像一位健康老人在打太极拳（图27）。

图27　北京申奥标志
作者：陈绍华

4.2.2.3　象征意义

象征是一种符号，而符号必然蕴含着意义，所以象征起码是一种蕴含着一定意义的形象，是语义的表达方式之一。有人甚至认为象征就是语言。其实，从一定意义上讲，这种观点也不无道理，因为“象征使形象和意义之间产生协调，狮子的形象象征刚强，圆形象征永恒……象征是一种在外表形象上就已暗示要表达的那种思想内容的符号，同时象征所要使人意识到的却不应是它本身那样的具体事物，而是它暗示的普遍性意义”①。另一方面，象征的主要功能也在于指示意义，而且象征本身就是一种意义的体现；何况象征物也好，象征性也好，其意义原本就存在于象征本身之中。自然语言中象征意义的主要着眼点是暗示的意义，而在设计语言中，任何一个形态或图形要担负起两种使命：一方面，要使接受主体能够捕捉到它所象征的意义；另一方面，还应让接受主体目睹到相关可见形象的存在。在自然语言中，一个词因象征用法所产生的意义称为“象征意义”，如我国古代文人常用“红豆”来象征爱情或者恋人之间的那种相思之情。就象征意义的性质而论，它同情感意义、联想意义及语境意义一样，也是一种不能单独存在的附加性补充意义。

在设计语言中，标志图形所蕴含的象征意义成分似乎比其他图形显得更为突出。这大概与标志本身就是一种象征艺术有关。例如，在陈绍华先生等设计的北京申奥标志中，用中国书法勾勒出的动感十足的五环形象，十分明确地将“中国”与“奥运会”等象征意义体现了出来。又如，在陈汉民先生设计的中国农业银行标志中（图 28），在圆币轮廓内竖起一颗麦穗作象征主体，同时又用空白十字线将穗体中部整合成一个“田”字，结果，就巧妙而恰当地表达了“银行”与“农业”的象征意义。当然，充满象征意义的设计作品，除了标志图形以外，各种大型体育运动会吉祥物的造型设计作品，也十分典型。

图 28　农业银行标志
作者：陈汉民

4.2.2.4　语境意义

语境即言语环境，是使用语言时所处的具体环境，或发生言语行为时的实际情境，既可以指上下文或前言后语，也可以指说话的场合、条件，还可以指相关的社会、历史、文化背景。语境是意义研究中的重要因素之一。语境意义是一种既独立于语言形式，而又依附于语言单位，并在具体情景中加以明确的补充性意义，通常指

① 舒湘鄂：《设计语义学》，湖北美术出版社，2001 年，第 224 页。

在语言的实际使用过程中，由语言的内、外在因素共同作用而生成的附加语义成分。产生语境意义的根源主要在于语言单位的概念同其所指之间的非对称性以及语言单位所指范围的扩展。而其外在的推力，则主要是充当这些内、外在因素彼此交织与影响的平台的言语行为。此外，语境意义的支撑物是语境，一旦语境发生变化或者消失，语境意义也会随之变化或消失。① 对任何种类的艺术语言来说，其补充性意义都是在与特定语境的联系中获得的。这就表明，语境是艺术语言产生附加性意义的一种载体。以设计语言为例，其具体运用之所以能够表达设计语义，原因之一就在于有可以提供附加信息的特定语境的参与。例如，“在特定的语境下，‘红色’传达的信息就不是词面所含的意义，而是一种潜在的信息。它的含义就不在言内，而在言外。这就决定了‘红色’不是物理性质的一般话语，而是比喻的艺术语言。这里的‘红色’就可能具有了‘革命’、‘热烈’、‘国家’、‘政权’等意义”②。这种性质的意义，就是所谓的“语境意义”。再以“票”字为例，其语境意义就是指它与具体语境联系时所表示的意义：在汽车、火车上表示“车票”，在食堂表示“饭票”，在剧院表示“戏票”，在选举时表示“选票”，等等。严格说来，这其实是一种语境性的变义现象。

在设计艺术中，蕴含语境意义的图形或形态十分常见。例如，2000 年悉尼奥运会标志图形中的象征元素（图 29），无论是用歌剧院轮廓线表现的火炬，还是用“回飞镖”表现的运动员形象，抑或是所营造的色彩语言，就都涉及语境因素——悉尼歌剧院、澳大利亚独特的原住民民族文化以及自然环境（海港、沙滩、红土地）等，从而也就蕴含了明显的语境意义成分。总之，语境是设计语言

图 29　悉尼奥运会标志

① 参见王冬竹：《语境与话语》，黑龙江人民出版社，2004 年，第 160 页。
② 舒湘鄂：《设计语义学》，湖北美术出版社，2001 年，第 158 页。

之补充信息(附加信息)的载体,它能赋予图形或形态以明确的含义,换言之,如果缺少了特定语境因素的烘托或强化,设计信息的传递将会不着边际,形态含义的丰富性和完整性将得不到充分体现,设计语义的表达也势必简单、生硬甚至不知所云。

4.2.3 模糊意义

自美国学者查德于1965年提出"模糊集"问题后,相继出现了模糊数学、模糊语言学、模糊逻辑等探讨模糊理论的不同学科。事实上,语言的模糊性问题早已引起了国际语言学界的关注。在人类的现实生活中存在着许许多多无确定性界限的词语或范畴,它们所表示的概念都是无法用确切的标准来衡量的。例如,我们平常所提到的"小青年"与"大老爷们"、"中年"与"老年"、"早晨"与"上午"、"下午"与"晚上"、"胖"与"瘦"、"深"与"浅"、"快"与"慢"、"长"与"短",它们的语义界限都是不确定的、相对的、模糊的。

设计语言本身同样包含有这种模糊语义成分,这一点至少可从下述三个方面加以说明:首先,人类早期的设计造物活动几乎都是凭人的直觉经验进行的,本身就带有一定的模糊性。其次,即便在当今的设计语言中,也客观存在着语义上的不确定性。例如,在"高与低"、"长与短"、"明与暗"等这些对立的关系中都明显存在着"中间"这一过渡性的模糊地带。第三,就设计语言的外延界限来说,某些方面也反映出其不确定的性质。例如,当我们谈论设计形态同时包含的两种意义——"物质文化形态和精神文化形态"、"功能形态和审美形态"时,其中的语义界限也很难进行精确的划分。总之,设计图形含义的模糊性其实就是其具有的多义性,而这种多义性又是各种艺术语言所不可或缺的。

4.3 关于"设计含义"问题

设计艺术作品,无论是设计图形还是形态,可以说无一不是由其创作主体精心构筑成的"象—言—义"三位一体的矛盾审美体。它不仅将创作主体、设计作品、世界和受众四者放在一种积极、和谐、互动的场景之中,而且透过其创造性的独特的语言符号结构体以及动态、开放的审美意象和意境，既反映出不同民族文化的特征及文明成果，同时也折射出古今相通的人性，展现出人们的理念、思绪、情感等神秘的精神世界。由此可见，作为人类智慧之产物的设计艺术作品总是承载着人们所竭力追求的最高境界，展示着自己最高、最新的各种认知体验和情感体验。而这一点也从另一方面说明，任何优秀的设计艺术作品都是发达的创造性思维的实体化，都是对人们精神世界加以艺术概括的语符化。也正是这种创造性的艺术思维，才使得创作主体的情感、知识、审美体验等总能找到适合表达或倾泻的相应管道或曰物性的依托。这是因为设计师的这种创造性思维是一种极具系统性、逻辑性和审美构形性特质的高级的心理活动，这种心理活动往往显示出设计的创作主体的两种能力：其一是对语言符号的开掘、驾驭能力，受这种能力支配所创作的设计作品足以呈现出各种动态的、创造性的设计语言符号的结构体，其中既含有各种语境因素，同时又含有捕捉瞬间灵感火花的因素；其二是创作主体善于开通设计作品之内部语言系统所构成的网络的能力。

如同绘画、音乐、舞蹈、诗歌等其他艺术形式一样，设计艺术也是一种语言现象。这种所谓的"设计语言"同样具有象征性、暗示性、多义性，同样具有其独特的结构和稳定的意义。说到"意义"这个词，人们并不陌生，几乎不假思索就能随口说出，意义就是意思、含意或含义。其实，这只是一种通俗的解释。在语言学中，"意义"、"含意"和"含义"三者之间还是存在一定区别的。"意义"在语言学中或指词语的内涵，或指一种内在的特征，或指符号的实际所指、应指的事物。意义与概念同义，它源于我们对客观事物的认知与体验，是物质活动内化的生成物。而且，"对语言符号系统来说，意义存在于语言结构组建之前，又是组建语言结构的最终目的……不借助外在语言符号系统，意义就得不到表达。结构和意义依存共生，不能分割。对于符号的创建者和使用者来说，健康的生理感知系统是生成意义、接受信息的生命物质基础，发达的、功能齐全的语言符号是合成语言结构的媒介。只有依靠相应的结构，才能生成所需的意义；而认知能力的发展则是提高信息接收能力、创造新意的保障”①。除此之外，还有学者提出了“意义”具有独立性和精神“质性”的观点。例如，蔡新乐教授在2000年发表于《福建外语》(第一期)的《“含义本体论”观照下的“译意”与“意译”》中，就有这样的论述：“意义的隐含性显现出一种非线性的、无形体的、无次序的‘质性’，它仿佛空气一般飘荡在语言形成的空间中，或者隐身于语言结构中，这种‘质性’是人的‘精神’的质性，它显示出人的活力、智能和自由，显示出意义本身是人的‘精神’的显现。‘意义’的意义在语言中意味着意义对语言的含有包容，而不是语言对意义的隐含收容。语言在意义上是人的精神化。意义本身只能‘是它自己’——‘是其所是’，而语言的理性主义组合只能使它‘如其所是’。或许，只有在人的精神中，意义才会是独立自在的。”②

“含意”与“含义”是一对彼此相互依赖、密不可分的共生体，且在语言符号系统中往往呈现为一种动态性的运行状态。其中，“含意是语言符号各层级单位的概念、命题含义，语言符号同符号所指事体、现象及事体、现象本身之间历时的和共时的关系的综合和概括。含义是含意的固化，具有潜在的生成含意的能力。不断有含意固定为含义的现象在语言符号的各层级发生。在不同的作用层面，不同的言语单位显示含义的功能不同，低层级的言语单位的含义会随着作用关系的深入而发生变化，但变化的幅度不同，有的甚至保持不变”③。而在语用学中，含意则被界定为存在于话语之概念意义之外的由语言单位所荷载的言外之意。

在厘清“意义”、“含意”和“含义”三个概念之间的联系及区别之后，我们就可以把关注点集中在“设计含义”这个问题上了。

正如诗学语言学中有“诗歌含义”概念一样，在设计语言学中也有“设计含义”概念的存在。事实上，从任何一种艺术语言形式

---

① 周瑞敏：《诗歌含义生成的语言学研究》，中国社会科学出版社，2009年，第55—56页。

② 转引自周瑞敏：《诗歌含义生成的语言学研究》，中国社会科学出版社，2009年，第29页。

③ 周瑞敏：《诗歌含义生成的语言学研究》，中国社会科学出版社，2009年，第33页。

的作品中都可以抽取出这种被称为“意思”（含义）的潜隐性的东西。这种“意思”既是语言范畴的精华，同时也是极为典型的、复义式的、抽象而模糊的话语含义。不过，要阐释“设计含义”，就必须首先理解语言符号系统所具有的“语言义”和“言语义”的内涵和区分，而这又涉及对“语言”与“言语”的界定问题。

4.3.1 语言与言语

众所周知，“语言”与“言语”是索绪尔依据表意功能的不同而创用的一对二元对立概念。其中，作为一种“社会心理现象”的“语言”，是表达普遍意义的符号系统。“语言的表意范畴涵盖的是一个普遍意义的范围，相对稳定，以能指和所指的原始对应作为表意的基础，能指和所指的原始对应一般是一对一的关系。”①作为交际的工具，它指语言之社会约定俗成的方面，是言语活动的社会部分，因而与社会相互依存、密不可分。语言所具有的这种社会性和全民性才使其成为一种共时性的、相对稳定的、既定的、普遍的、隐秘的、超越个人意志与时间性的集体模式，成为一种人人具有且彼此通用的东西，成为一套支配言语行为表现的系统规则。

此外，“语言既是客观的，又是主观的。面对可知世界，语言是主观的存在，而当它面对人时却是客观的存在。每一种语言都体现着人的普遍本性。自然语言是在社会、文化范围里发挥功能的所有语言代码和次代码的广泛的解释元”②。

作为一种“心理物理现象”的“言语”是“语言”的具体实施与运用，是语言交际中的社会个体从编码、传码到解码的言语行为过程，亦即个人的言说，属于人类言语活动的个人部分，往往闪动着个性的火花。它所体现的是说话者个人的、暂时性的甚至偶然的言语行为或言语产物。因此，“言语”具有历时性、临时性、个人选择性、开放性和衍生性，而不含有任何集体性成分。虽然“言语”仍受到语言规则的制约，但它毕竟超出了语言系统内部符号之间的关系，同时也突破了语言编码的限制。

---

① 周瑞敏：《诗歌含义生成的语言学研究》，中国社会科学出版社，2009 年，第 23 页。
② 周瑞敏：《诗歌含义生成的语言学研究》，中国社会科学出版社，2009 年，第 282 页。

有人说,“语言”和“言语”是同一现象的两个方面。这大概是说,尽管二者之间存在着诸多不同之处,但它们毕竟总是密切相关并互为前提的:要理解话语(言语),就得有“语言”的支撑;而要建构语言系统,又少不了具体的“言语”作基础。“言语只是露出水面的一小部分冰峰,语言则是支撑它的冰山,并由它暗示出来。语言既存在于说话者,也存在于听话者,但是它本身从来不露面……语言犹如象棋的那套抽象的规则和惯例(棋则),言语则好比真实世界中人们实际所玩的一盘盘象棋游戏。”①由此可见,“语言”所发挥的作用是一套抽象的、触摸不到的系统规则,而“言语”则扮演着这些抽象规则的执行者的角色。

4.3.2　语言义与言语义

随着语言学研究的迅速发展,语义学家们进一步发现语言符号系统还有“语言义”和“言语义”之分。

“语言义”其实就是通常被收录到词典里的词汇的字面意义,简称“字义”,或者说,是自然语言所记载的那些“意思”,是语言单位固有意义的集合,是词汇在语言系统中所拥有的意义。“语言义以语符能指和所指的原始对应作为表意的基础。语言义不仅从符号和所指的关系中获得,而且符号本身的能指形式也拥有意义及生成意义的潜能。”②此外,由于这种意义都是客观事物或现象在具体使用某种语言的群体头脑中的概括反映,而且还承载了人类文化发展的历史积淀,所以这种具有明确、抽象、稳定、易理解和约定俗成性质的“语言义”便成为人们从事日常交际的共同基础。从这个角度来说,实用语的语义就是一种较为典型的语言义。

“言语义”是与“语言义”相对立而存在的意义概念,通常指话语从特定语境中所获得的意义,这是一种存在于话语的理性意义之外并体现“言外之意”性质的语用意义或话语意义。“言语义的构筑机理是遵守或打破语言符号能指和所指原始的或基本的对应关系,对这种关系进行组合、重构或扭曲,即按语言规则完成的语

---

① 丁亚平:《艺术文化学》,文化艺术出版社,1996年,第63页。

② 周瑞敏:《诗歌含义生成的语言学研究》,中国社会科学出版社,2009年,第283页。

言游戏。”①

舒湘鄂先生对“言语义”作了这样的界定：“艺术语言的意义是言语义，是指人们在运用语言时所产生的与特定语境相联系的具体意义，它不仅是具体的，而且是灵活多样的，它往往受交际语境的影响而发生种种变化，或者临时增添一些新的语义内容。”②

从以上论述中可以发现，同“语言义”相比，“言语义”具有具体、丰富、易变等特点，因此要真正把握和理解“言语义”，就必须用心地进行一番分析、揣摩和推敲的工作。

此外，这里需要指出的是，正如“语言”与“言语”两个概念既有区别又密切相关一样，“语言义”与“言语义”之间也存在着一种相辅相依、难以切割的辩证统一关系。这是因为：①当下的语言义可能就是以往某时段的言语义，而现在的言语义也可能会成为未来的语言义；②“语言义是生成言语义的基础，言语义为语言义的扩充和丰富提供来源。”③

4.3.3 设计含义

设计艺术的作品——图形或形态是创作主体对人类精神生活加以艺术概括与抽象的语符化，是一种风格独特的艺术语言形式。这种语言形式的所指层面（内涵或内容）是一种包括“言外之意”在内并超出理性意义范围的特殊意义，这便是所谓的“设计含义”。由于“设计含义”只有通过创作主体、接受主体及设计作品（客体）之间的互动才能得到体现，所以它所具有的审美功能也只有在“设计语言交际”过程中，才能得到充分发挥或展现。

“设计含义”是创作主体从事设计创意活动的基本目的和目标，它总是作为一种把握创作方向的东西而隐匿于整个创作过程中。而且，只有实现了下述两个指标，设计创作活动才能够称得上真正地完成：其一是“设计含义”具有了适合自己栖身、附着的图形或形态（设计语言结构化的存在形式），其二是整个设计含义能

① 转引自周瑞敏：《诗歌含义生成的语言学研究》，中国社会科学出版社，2009 年，第 25 页。

② 舒湘鄂：《设计语义学》，湖北美术出版社，2001 年，第 157 页。

③ 周瑞敏：《诗歌含义生成的语言学研究》，中国社会科学出版社，2009 年，第 27 页。

够被接受主体顺利接受和领悟。

具有抽象、模糊、多义等特点的“设计含义”既依赖和生发于设计语言中较为明确、稳定的“语言义”,同时又是对“语言义”的超越。设计语言的所有语言成分都是携带着各自的“语言义”,通过创作主体的组织、加工与整合,进入“设计含义”之生成机制中的。“设计含义”具有“言语义”的基本性质,却是进一步升华或“拔高”了的“言语义”。因为它是从设计图形或形态中“抽取的意思”,是“特殊语言范畴的结晶层面”。这种从艺术思维、审美情感与自然语言之相互作用中生成的“设计含义”,是设计图形或形态作用于创作主体和接受主体之后,所激发出来的审美想象与体验,也是引发创作主体之创作动机的因素之一,而且人们总是能够从中找到个性化印迹的存在,总是能够从不同图形或形态的不同调性中,领悟到它们所“暗示”的东西。

就设计语言而论,“设计含义”不仅是对“语言义”的重构,而且也是“言语义”升华的结果。“语言义”不仅先于“设计含义”而存在,而且还是生成“设计含义”的基础。

设计图形或形态所呈现的语言形式最大限度地激活了设计语汇所具有的生成意义的各种潜能。而创作主体千方百计地通过视觉元素的运作来营造设计的完形审美结构的目的,都是获得既与艺术思维、审美情感、自然语言密切相关,又离不开集体意识、社会共识和人类文化关系的勾连,同时又能充分体现个性化审美世界的所谓“设计含义”。而这一点正是设计语言交际中的关键点之一。

设计含义是设计图形或形态之完形整体所生成的意义。事实上,设计的创作主体精心建构图形或形态的完形性审美结构的目的,就在于使之生成设计含义。具体地讲,设计含义的生成与存在基于下列多种因素。

首先,它涉及对设计语言五种关系的整合。

其一是语汇关系。这里所说的“语汇”是指设计艺术的视觉元素点、线、面、色彩等。正是这些视觉元素共同构成了设计艺术语言的语汇层。设计语汇又称“设计语料”,相当于自然语言中的词汇和短语，虽然它们远不如自然语言的词汇那么复杂、数量那么庞大，但它们毕竟是构成设计图形或形态的基础，不仅建构了设计语言的能指性表达系统，而且也成为设计语言的表层语义结构成分。

其二是语法关系。设计语言中的语法，亦即设计图形或形态的构成法（造型法），其中包括结构方式和结构规则。它是设计语言符号之组合规则与聚合规则的总和，主要解决设计语言符号之间的各种联系问题，或者说，组成设计图形或形态各种因素之间的关系问题。设计艺术的创作主体总是在充分运用设计语法的基本要素（逻辑性意念要素、物质性视觉要素、理性认知要素、结构性关系要素、和谐性审美要素等）和遵循设计语法的基本原则（重心与平衡原则、对比与调和原则、对称与和谐原则、统一与变化原则、节奏与韵律原则等）的基础上，灵活巧妙地运用设计语言的造型文法，以便冲破设计语言语法结构的限制，来营造各种新的审美意象及语义关系，最终促使设计含义的生成。

其三是语义关系。设计语言的语义问题主要指设计语言符号的形式同其所指意义之间（包括客观现实世界及认知世界）的联系、设计语言的语义结构成分（包括显现性表层语义结构成分和潜隐性深层语义成分——设计意象、设计意境、设计语境等）及语义运作机制（在联想和共识性向度上，纵向的聚合性的选择程序以近义或反义、相似或相异以及等价性为操作依据从而成为隐喻构成的基础；而在句段和历时性向度上，横向的毗邻性的组合连接程序则以相邻性为操作依据，从而成为换喻构成的基础）。

其四是语用关系，或称“修辞关系”，主要指设计语言交际中设计语言符号与其解释者之间的联系问题。众所周知，设计艺术是适应特定的交际方式发展起来的特殊能力、手段及特定语境三者的整合与统一。设计艺术活动实质上是一种总是处于运动之中且持续进行的对话行为和方式，故称为“设计语言交际”。正是在这种性质的交际中，创作主体和接收主体之间的对话才是产生设计语言的言语义或设计含义的主要源泉，也才是导致设计语言多义性的重要原因。

其五是文化关系。设计艺术本身就是一种文化创造活动，其语言形式本身就是人类文化的一个组成部分。因为人类的一切社会实践活动，无论是物质性的还是精神性的，都无一例外地要受到民族文化传统、人文背景乃至社会环境等文化因素的影响。而设计艺术活动在吸纳了文化营养之后所获得的成果，又会反作用于文化，通过对文化各个层面的整合，不但使自身具备了创造文化、更新文化和丰富文化的功能，而且也成了文化的历史积淀的一部分。生成设计含义的重要因素之一也正在于民族传统文化和现代文化同集体意识和社会意识等关系的勾连，说到底，设计含义的生成离不开人类文化因素的支撑。

另外，设计含义的生成与存在还与前面我们提到的设计语言的多义性有直接关系。这种多义性主要来自于接受主体对设计艺术作品的见仁见智的解读。要知道，任何文学、艺术作品都是供广大受众（读者、观者或听众）欣赏与解读的，离开了这个重要环节，那些作品充其量只能算作是“文本”，而“文本”只有经过接受主体的再创作（二度创造），才能称为有价值的、真正意义上的“作品”。事实表明，成功的优秀作品的含义都是含而不露、非一目了然的，也都是意味深长、非一览无余的。可以说，优秀的设计艺术作品之所以能够保持长久的生命力，能够一代代流传不衰，其根本原因就在于，创作主体都具有一种在文本内在结构的各个层面留下意义空白，让接受主体进行再创作的能力。由此可见，正是创作主体与接受主体之间的这种互动关系和行为，这种心弦的共振才导致了作品多义性的产生，从而促成和保证了设计含义的生成与存在。从符号学角度讲，任何具体的设计作品“都是一套半开放的符号表意系统，其非开放的那一端即是作者的创作语境，开放的这一端则为读者提供新的意义创造空间。同时，读者的欣赏过程也是一个自我呈现和自我放弃的过程：自我呈现于对作品意义的创造性参与；自我放弃于摒弃自身成见，在作品原始语境规约中追求作品原意。读者的自我呈现导致作品意义的累计与更新，读者的自我放弃则是对自身认知的超越。一个作品的全部意义并非在创作时就已经完成，而是在创作与解读的互动中，在以作品为目标指向的

‘元语言’的虹吸聚合效应过程中产生的”①。

总之,要想尽可能全面、完整、正确地解读设计图形或形态的意义,寻获隐匿于图形或形态语义结构中的艺术生命密码,就必须首先从设计作品所营造的开放性的意境和意象中找到最重要、最本质的东西,这便是始终左右设计创作方向的设计含义。创作主体创作图形或形态的本源及最终目的都是源自语言含义的设计含义,而且其具体的运作也都是以语言含义为基础,使设计含义同语言含义相对照的。因此,探讨设计含义问题,不但离不开自然语言,而且还必须超越自然语言;不但需要真情投入和仔细琢磨,而且还必须采取一种动态性发展、运动和联系的辩证观点;不但要关注设计文本的结构因素、语义因素、社会文化等语境因素,而且还必须揣摩设计言语之独特的调性和风格,非如此便无法真正解读与把握设计含义。

4.4 设计语言的语义结构成分

设计语言的语义结构成分包括表层语义结构成分和深层语义结构成分两类。

4.4.1 表层语义结构成分

表层语义结构成分主要指点、线、面、形、色彩、肌理等这些可构成设计图形或形态,并发挥直接意指作用的显现性语义成分,即设计语言的能指性表达系统。对这类表层语义结构成分的研究,是着重对其视觉品质(性格特征)、所荷载的语义信息能量,以及所具有的审美造型功能的描述。对此,我们已在“设计语汇学”部分作了阐释,这里不再重复。

4.4.2 深层语义结构成分

深层语义结构成分主要指设计语言中意象、意境、语境等能够体现设计语言的隐含性语义并发挥辅助性含蓄意指功能的因素。对这类深层语义结构成分的研究主要是就它们的性质、特点、审美

---

① 转引自田晓冬等:《设计文化学》,中国矿业大学出版社,2011 年,第 243 页。

功能等方面进行的分析，属于设计语义学研究的范畴。

4.4.2.1 设计意象

如同其他艺术形式一样，设计艺术既可以看作是一种文化整合行为，也可以看作是一种为营造意象和意境而使思想和情感融合的所谓“无中生有”的创造活动。从某种意义上讲，正因为有了这些隐含性语义成分的渗入，用作交际工具的设计语言的潜能才得到释放，并且达到了近乎无穷尽的地步。

关于“意象”问题，中外学者对其概念的界定，亦如“有一千个诗人，就会有一千种诗歌定义”的情况那样，也是林林总总、五花八门、见仁见智的。例如，意象是意中之象，意造之象……意象是思维化了的感性映象（胡经之）；意象是在瞬息间呈现出的理性与感性的复合物（庞德）；意象是融入了主观情意的客观物象，或者是借助客观物象表现出来的主观情意（袁行霈）；意象是心意在物象上通过比喻、象征、寄托而获得的一种具象表现（胡雪冈）；意象是作者以想象力创造的主体意念与感觉形式的有机复合体（科莫德坚）；意象是一种想象力所形成的形象显现，是理性观念的最完满的感性显现（康德）；意象是一种被意绪、心愿、情态所浸染着的感性形象，是意中之象，是人心营构之象（向海涛）；意象是“头脑中已经孕育成熟的随时可以物化为艺术形象的艺术胎儿”（吕景云）；意象是主体与客体在审美遭遇的刹那间的意向性建构活动中生成的一个崭新的对象整体（董志强）；意象是情感的形式化和符号化，是凭借想象和理解，赋予情感以形式和符号（杨恩寰）。

由上述这些从不同角度界定的概念中可以发现一种共性的东西，即每种定义都包含了两个最基本的因素——“主观情意”和“客观物象”，只不过不同的学者采用了不同的文字表述而已。在“理性—感性”、“情思—外物”、“心意—物象”、“主体意念—感觉形式”等表述中，每组的前者（理性、情思、心意、意念）都与“主观情意”相关，而“主观情意”正是意象中所包含的“意”；后者（感性、外物、物象、感觉形式）则都与“客观物象”相关，而这“客观物象”正是意象中所包含的“象”。由此可见，无论用哪一种形式表述，都与“意”密切相关，都渗透了创作主体的理念、意向、情感等“意”的因素，使意象成为设计语言的隐含性语义成分。

就设计艺术而言，意象是它的本质特征之所在，而设计艺术原本就是一种营造意象世界的审美实践活动，是一种渗透着实践性与文化性的意象生成活动。这足见社会实践、文化和意象是设计艺术作品的深层内在结构成分，反过来讲，正是社会实践、文化和意象三者之间的互动关系构成了设计艺术的内在本质结构。关于这一点，刘基玫博士在其《实践、文化与意象——艺术设计核心问题研究》一文中作了较为深刻的分析。现扼要介绍如下：

设计艺术是人类一种重要的造物实践活动，是人类文化世界的组成部分，是一种融文化性与实践性于一体的意象生成活动。

首先，实践是设计艺术的根源性特征之所在。设计艺术所具有的实践意蕴本身便契合了马克思主义实践理论的全部内涵。设计艺术所具有的客观实在性、主观能动性、创造性、社会历史性、批判性、自由性以及合价值性等特征都是马克思主义实践的基本特征的具体体现。

其次，文化是设计艺术的生存性特征。文化是人类通过社会实践活动对自然的认识与改造所创造的一个物质性与精神性相统一的生活世界，它是不同于原始自然的“第二自然”，具有显著的人工性和为人性特征。设计艺术中的意义及意蕴是其文化性的根源，而技术和技巧致使其物质形态结构发生改变，则是这种文化性的外在表现。设计艺术之民族性、精神性、生活性等都是设计艺术文化特征的具体表现。它们突出反映了特定民族的心理共性、特殊思维方式、民族精神和核心价值观，从而使文化成为了设计艺术的一种重要规定。何况意象之意与文化本来就具有一种直接的相容性。

最后，意象是设计艺术的本体性特征。意象包括抽象的精神和具体的实物两个层面，二者呈现为一种因果关系——精神层面是原因，实物层面是结果。文化性与实践性的统一是设计艺术本体——意象形成的关键，没有文化性，就没有意象中的意，设计艺术的神韵、意韵、历史内涵、人文内涵、价值内涵等都将无法形成，意便会成为一种没有内容的抽象性存在，象也因此而无法形成。另一方面，没有实践性，意本身就无法获得内容，而且更重要的是象也因无法获得艺术生产这一环节而不能变成真正的设计艺术作品。在设计艺术的审美实践活动中，文化性与实践性的统一会具体转化为意与象的相互刺激和相互生发。以象运意、以象传意、以意驭象、以意统象早已成为设计艺术的一条基本思维规律。

从设计艺术的思维规律来讲，设计意象的形成有下述两种方式：一是意在象先，逐渐将意形象化、形式化、陌生化；二是象在意先，由象提炼出意，逐渐使象意义化、价值化、符号化。①

从设计艺术的创作方法上讲，通常人们将其归纳为“写实法”“抽象法”和“意象法”三种。凡是能够体现审美主体之审美习惯和生活经验，且能使设计作品产生亲切感、直观感、逼真感、易解感的创作方法，都属于再现性的写实法；凡是能够通过设计语汇的构成关系以抽象手法表现客观事物之表象特征或内在本质，并使设计作品具有主观精神及现代感的创作方法，都属于远离原型的抽象法；凡是能够将主观之“意”和客观之“象”融合起来，充分表达审美主体之精神与情感的创作方法，都属于意象法。

意象是客观物象通过创作主体的情感活动所营造出来的艺术形象，或者说，是寄托主观意念与情感的客观表象。因此，作为寓“意”之“象”的意象，离不开“意”（主观情意）与“象”（客观物象）这两大基本要素的巧妙融合。同时，作为一种虚的、看不见摸不着的无形之物的意象，仅存在于创作主体的思维活动中，而接受主体对它的感知，只有通过特定的媒介（被物化的语言或图形符号）才能实现。具体地讲，意象中的“意”（即心意）既是思维活动的生成物，也是“象”的思维状态。而“象”（即物象）则既是“意”的表达状态或形式传达，也是一种外在表象，它是对视觉的一种反映，存在于外部世界中。正是这种抽象的“意”和具态的“象”的相互作用、相互生成，才使设计意象具有了无限的外延。因此，所谓“意中之象”，在一定意义上就意味着，它是存在于创作主体内心世界的

---

① 参见《南京艺术学院学报》艺术与设计版，2009年第3期，第166页。

精神形态,是外在物象与主观情意融合为一体的心象,是由知觉形象或记忆表象改造成的心理表象。也就是说,在构思过程中的想象经验是呈现在意识里且经过审美情趣加工的物象。然而,这种心象不同于实际图形且远不如客观现实形象那么清晰。只有经过物质符号的物化程序,方能使其转化为可视可感的设计形象。设计作品中的各种艺术形象都是创作主体将自己从生活中感悟、积淀的审美意象加以物化的结果。这表明,设计创作中的意象同样依赖于感官对外在事物的感知,同样是"感觉具体化"或"知觉对象化"的呈现,是被设计语义所观照的事物。因此,意象的生成是整个设计创作的核心。

从符号学角度看,审美意象乃是一种曲指性的情感符号,它与自然语言的那种直陈性确指符号不同。其主要特点在于,这种符号的能指与所指之间的关系可以超越客观事物的外部形态所确指的内容而指称其他东西,进而派生出言外之意(即内涵意义)来。这也正是人们把设计意象视为一种隐含性语义成分的原因所在。

从美学角度讲,设计意象是创作主体在营造设计美的过程中,通过特意赋予某种自然物象以自己的思想理念及自我心象的手段所创造出来的艺术形象。而设计美就是在创作主体所创造的艺术世界里意象所具有或者体现的美质。营造设计美所用手段的不同,才使得设计意象在其生成上反映出不同的特性。例如,部分设计意象是创作主体在自然物象的激发下对其所作的模仿或再现;有些设计意象是创作主体把自然物象作为体现自己的思想理念及自我心象之载体所作的加工创造;有些设计意象则是创作主体竭力摈弃或摆脱现实世界中自然物象的具体表象,仅仅从中吸纳某些符号性的形式因素,所创构出来的足以外化或反映设计主体理念与情感的新的表象或形象。而就其构成而言,设计意象显然是依据不同层次将诸多丰富且具动态性的艺术意象整合而成的意象的有机整合体。

此外,设计意象的主要特征表现在五个方面:①体现创作主体之基本理念、理想和情感的主体性;②充满着"意"的渗透的寓意性;③浸染着浓烈情感色彩的情感性;④集中体现造型艺术之美学原则和规律的审美性；⑤突出反映设计艺术的形象思维过程和特点的形象性。除此之外，还可以看到设计意象具有一些次要特征，如整体性、独创性、多义性等。而就设计意象的分类而言，若按其表现性质区分则可分为三种：①体现艺术形式之象征意义以及知觉上情景交融特点的所谓“象征性意象”；②虽不直接明了地对应于真实形象，却与自然形象有一定对应关系的所谓“抽象性意象”；③突出体现“认知、审美和实用性”三者统一的所谓“功能性意象”。

设计意象是以“表象”为基础材料进行艺术思维的结果，是由记忆性表象改造、发展而来的想象性表象，足见设计意象的生成与表象有着多么密切的联系。表象这一心理学概念指的是“在感觉和知觉的基础上所形成的一定概括性的感性形象。通过对记忆中保存的感觉和知觉的回忆改造而成。感性认识的高级形式。是对客观世界的直接感知过渡到抽象思维的一个中间环节”[①]。具体来说表象亦即大脑对当前尚未直接作用于感官的、以前曾经感知过的事物形象的反映，即在事物尚未呈现的情况下头脑中出现的该事物的形象。它与意象的密切关系在于：首先，意象是经过染情铸意的表象，或者说，表象若贯穿了“意”，渗透了“情”，便生成意象；其次，以感觉形式和设计思维形式出现的表象，是意向的基础，是产生设计观念的前提，因此意象离不开表象；最后，表象往往关涉某个意象的客体事物，从而使表象发生心理变形。

然而，设计意象与表象之间也存在着若干明显的区别：①表象是感性认识的高级形式，具有直观映象性及初步概括性，而意象则是设计构思的最高成果展现；②表象所概括的是知觉对象的表面特征，而意象则是根据客观事物的个别特点对其作的一般意义的概括；③表象是对客观物象进行的简单复制，容易很快消失，而意象所关注的则是意想的客体，容易引起表象之心理变形，而且可长存于头脑中。

至于“设计意象”和“设计形象”的主要区别问题，我们可以作

① 《辞海》缩印本，上海辞书出版社，2010 年，第 126 页。

出这样的描述:设计意象基本上属于一种尚存于意识中的高级精神形态,它已经成熟到了可以随时将其物化成设计形象的程度,而设计形象则是作品中所呈现出来的既具有思想内涵又具有审美特征的设计图形或形态。也就是说,设计意象是一种尚未被物化的精神性的东西,是已经成熟的艺术胎儿,而设计形象则是已被物化的物质性的东西。

总之,任何一种形式的设计创作都是"以意生象"及"以象表意"的意象设计活动,这种活动所反映的就是在创造图形或形态时,所经历的那种从内心活动到外在表现形式的过程,其实质就是为升华和提取"意"而进行的再创造活动。因此,设计意象是创作主体意向性活动的生成物,它能促使接受主体在对设计艺术作品的感性直观中体会、领悟到创作主体的意向所指。而这种意向活动主要是由一种足以左右创作主体之感受方式及敏感度的所谓"意向性结构"所支撑的。而且,之所以常常会出现"言有尽而意无穷"的现象,其主要原因之一也在于贯穿于整个创作过程的意向生成活动并未随创作过程的结束而"戛然而止",其中的"余韵""余味"或"余波"都还在散发着"余热",甚至于还在"发酵"。

同感性映象既有联系又有不同的设计意象对于创作主体来说是情趣的意象化,对于接受主体来说是意象的情趣化,而对于双方所感受到的"设计美"来说则是从中获得的那种快感或享受。

设计意象中的"意"指创作主体构思、接受主体鉴赏过程中对物象的那些感受和情趣;而"象"则是"意"的表达本体,指思维想象中的外在性物象,也是引发意境的出发点和依据。

作为人类精神活动之一的设计艺术,它存在的本体形态是既具有实践性同时又具有文化性的意象——创作主体的主观情意作用于客观物象后所产生的内心形象。

作为形象与各种意念之综合性概括的设计意象总是具有极强的启迪性和包容性。而且,设计意象的个性色彩或独特风格愈是突出,其作品的艺术生命愈强。同理,创作主体营造意象世界的能力(如虚实运笔、设置激活点等)越强,也就越能调动或活跃接受主体的联想能力,从而进一步丰富设计语言的多义性。

4.4.2.2 设计意境

设计语言的另一种隐含性语义成分是“意境”，通常指设计语言所蕴含与表达的艺术境界和情调，或者说，①“意境就是特定的艺术形象和它所表现的艺术情趣、艺术气氛以及它们可能触发的丰富的艺术联想与幻想的总和。”[1]②意境是“文艺作品中所描绘的客观图景与所表现的思想感情融合一致而形成的一种艺术境界。具有虚实相生、意与境谐、境生象外，追求象外之象、韵外之致的审美特征，能使读者产生丰富的想象和联想的广阔空间，如入其境，在思想感情上受到感染，并对人生、宇宙形成深邃的领悟……优秀的文学艺术作品往往能使情与景、意与境相交融，塑造鲜明生动的艺术形象，产生强烈的感染力”[2]。意境理论虽然最早出现在文学研究领域，但该理论的创建与延展使包括绘画与设计在内的造型艺术的审美意识平添了既能再现客观事物又能反映主观精神的双重性结构，从而实现了主客观世界在作品中的和谐统一，不仅充实了艺术形象及其相关空间的语义信息能量，而且还营造出一种意境美。下面，我们将从意境概念生成的历史轨迹、深层审美心理结构、审美特征以及同意象的异同比较等几个方面加以论述。

（1）“意境”概念生成的历史轨迹。由百家学说之精华熔铸成的抽象性审美理论“意境”是极具中国特色和东方诗性智慧的传统美学思想的精髓，是中国古典美学的核心范畴，是中国艺术的核心要素。

“意境”概念中融入了多学科、多领域的构成因素：既有中国的古典哲学理念，也有传统美学观点；既有东方宗教思想，也有中国绘画、文学艺术的基本理论。为揭示意境概念生成的历史轨迹，我们特意根据自己所收集的文献资料，在此加以粗线条的、非全面的罗列。虽然它可能是“挂一漏万”性质的，但透过我国古代、近现代这些哲学家、美学家、禅师、文学家、诗人、画家、评论家们的相关言论和观点，还是能够大体把握孕育、形成意境概念的脉络的。其

---

① 蒲震元：《中国艺术意境论》，北京大学出版社，2004 年，第 21 页。

② 《辞海》缩印本，上海辞书出版社，2010 年，第 2263 页。

中，有些言论和观点是关于创建意境概念的理论基础的，有些是关于营造意境的技巧的，有些是论述意境的结构层次的，有些是关于意境的性质、特点、功能的，有些则是关于如何解读、领悟或运用意境概念的。

春秋时期

《易经》：

①“书不尽、言不尽意……圣人立象以尽意”；

②“无平不陂，无往不复”；

③“刚柔相推，变在其中矣”；

④“得意而忘象”。

老子：

①“天下万物生于有，有生于无”；

②“有无互立”“大成若缺”“大音希声”；

③“天下皆知美之为美，斯恶矣”；

④“道之为物，惟恍惟惚。惚兮恍兮，其中有象”；

⑤ 提出“道”是万物本体及生命本源，是有（实）与无（虚）的统一；

⑥ 强调万物永生不息，是宇宙构成元素“气”的作用所致。

战国时期

庄子：

①“天地有大美而不言”“美者自美”“至乐无乐”；

②“天地与我并生，万物与我为一”；

③“可以言论者，物之粗也，可以意致者，物之精也”；

④“生物之以息相吹也”；

⑤“夫道，有情有信，无为无形，可传而不可受，可得而不可见”；

⑥ 提出“道”是无限的，自本自根，无所不在；

⑦ 强调虚静是审美观照的主观条件。

荀子：

形具而神生。

魏晋南北朝时期

玄学：

①“得意忘象”“寄言出意”；

② 宣扬“有无之辨”“言意之辨”；

③ 强调“得意”，不能仅限于“言”“象”。

顾恺之：

①“以形写神”“传神写照，尽在阿睹中”；

②“迁想妙得”。

谢赫：

①“取之象外”“气韵生动”；

②“若拘于体物，则未见精粹；若取之象外，方厌膏腴，可谓微妙也”。

刘勰：

①“神与物游”“登山则情满于山，观海则意溢于海”；

②“至于思表纤旨，文外曲致，言所不追，笔固知止”；

③“隐者也，文外之重旨也”。

三国时期

王弼：

“尽意莫若象”“象生于意，故可寻象以观意”。

唐代

孙过庭：

①“取会佳境”“山水之难，莫难于意境”；

②“同自然之妙有”“非力运之能成”。

王昌龄：

①“超以象外，得其环中”；

②“不著一字，尽得风流”；

③“味外之旨”“韵外之致”；

④“诗有三境：一曰物境，二曰情境，三曰意境”；

⑤ 强调意境应体现宇宙的本体与生命；

⑥ 提出“空灵”理论。

戴叔伦：

“诗家之景，如蓝田日暖，良玉生烟，可望而不可置于眉睫之前也”。

皎然：

①“境象非一，虚实难明”；

② 诗“至近而意远”；

③“采奇于象外”；

④“取境之时，须至难至险，始见奇句。成篇之后，观其气貌，有似等闲，不思而得，此高手也”。

刘禹锡：

①“义得而言丧，故微而难能；境生于象外，故精而寡和”；

②“象外行无迹，环中影有迁”；

③“空者，形之希微也”。

张燥：

“外师造化，中得心源”。

司空图：

①“超以象外，得其环中，持之匪强，来之无穷”；

②“韵外之致”“味外之旨”；

③“生气远出，不着死灰，妙造自然，伊谁与裁？”；

④ 赏诗味在“咸酸之外”，“诗家之景”是“象外之象、景外之景”。

殷璠：

“在泉为珠，着壁成绘，一句一字，皆出常境”。

宋代

张载：

①“虚无即气”；

②“气有阴阳”“屈伸相感之无穷，故神之应也无穷”；

③“太虚”即“气”，“气”兼“有无”，“气则有异”“一物两体”。

郭熙：

①“诗是无形画，画是有形诗……境界已熟，心手已应，方始纵横中度，左右逢源”；

②“山有三远，自山下而仰山巅，谓之高远；自山前而窥山后，谓之深远；自近山而望远山，谓之平远。高远之山色清明，深远之色重晦，平远之色有明有晦。高远之势突兀，深远之意重叠，平远之意冲融而缥缥缈缈，其人物之在三远也，高远者明瞭，深远者细碎，平远者冲淡，明瞭者不短，细碎者不长，冲淡者不大，此三远也”。

欧阳修：

“萧条澹泊，此难画之意，画者得之，览者未必识也。故非走迟速，意浅之物易见；而闲和严静、趣远之心难形”。

陆游：

“能追无尽景，始见不凡人”。

吕居仁：

①“悟入必自工夫中来，非侥幸可得也”；

②“悟入之理，正在工夫勤惰问耳”。

范晞：

“不以虚为虚，而以实为虚，化景物为情思，从首至尾，自然如行云流水，此其难也”。

元代

杨维祯：

①“故论画之高下者，有传形，有传神。传神者气韵生动是也”。

刘因：

（人物画的）“意思与天者，必至于形似之极，后可以心会焉，非形似之外，又有所谓意思与天者也”。

明代

谢榛：

“景乃诗之媒，情乃诗之胚，合而成诗”。

王世贞：

“诗以专诣为境”。

董其昌：

“瑞雪满山，动有千里之远……物态严凝，俨然三冬在目”。

李日华：

“凡画有三次第：一曰身之所容，二曰目之所瞩，三曰意之所游”。

王夫之：

①“虚必成实，实中有虚”；

②“含情而能达，会景而生心，体物而得神，则自由灵通之句”。

清代

布颜图：

①“境界因地成形，移步换影，千奇万状，难以备述”；

②“情景者境界也”；

③“实处愈实，虚处愈虚”；

④“大凡天下之物莫不各有隐显，显者，阳也，隐者，阴也。显者外案也，隐者内象也。一阴一阳之谓道也”。

袁枚：

①“诗境甚宽，诗情甚活”。

沈复：

①“虚中有实，实中有虚”。

汤贻汾：

“善悟者见庭中一树，便可想见千林；对盆里一拳，亦即度知五岳”。

董棨：

“画固所以象形，然不可求之于形象之中，而当求之于形象之外”。

笪重光：

①“空本难图，实景清而空景现；神无可绘，真境逼而神境生”；

②“虚实相生，无画处皆成妙境”；

③“景不嫌奇，必求境实”。

郑绩：

①“山虽一阜，其间环绕无穷；树虽一林，此中掩映不尽”；

②“生变之诀，虚虚实实，实实虚虚，八字尽之矣”。

方东树：

“凡诗写事境宜近，写意境宜远。近则亲切不泛，远则想味不尽。作文作画亦然”。

蒋和：

“……章法之妙，其行间空白处，俱觉有味，可以意会不可言传。与画参合亦如此。大抵实处之妙，皆从虚处而生”。

钱泳：

“诗文家俱有三足，言理足、气足、意足也。盖理足则精神，意足则蕴藉，气足则生动。理与意皆辅气而行，故尤必以气为主”。

近现代

王国维：

① 意境一词之意是“言有尽而意无穷”；

②“词以境界为最上。有境界则自成高格，自有名句”；

③“古今词人格调之高，无如白石。惜不于意境上用力，故觉无言外之味，弦外之响，终不能与于第一流之作者也”；

④“言气质，言神韵，不如言境界，有境界本也。气质、神

韵，未也”；

⑤“喜怒哀乐，亦人心中之一境界。故能写真景物、真感情者，谓之有境界。否则谓之无境界”；

⑥“写情则沁人心脾，写景则在人耳目，述了则如其口出”；

⑦“意境有大小，不以是分优劣”；

⑧ 提出“写境”“造境”“有我之境”“无我之境”“诗人之境”“常人之境”；

⑨ 提出境界“隔”与“不隔”的观点，强调写情写景“语语都在目前，便是‘不隔’”；

⑩ 强调意境是心物交感的产物，是作品中主体情意和客体图景融合构成的审美空间和审美理想，需要情与景、意与象、隐与秀的交融和统一。

朱光潜：

①“诗的境界是情趣与意象的融合”，是“情景的契合”；

②“诗的境界是理想境界，是从时间与空间中执着一微点，而加以永恒化与普遍化，它可以在无数心灵中继续复现，复现而不落于陈腐。因为它能够在每个欣赏者当时当境的特殊性格与情趣中吸取新生命。诗的境界在刹那中见终古，在微尘中显大千，在有限中寓无限”；

③“真正的诗的境界是无穷的，永远新鲜的”；

④ 康德的“审美意象”，“近似我国诗画家所说的意境”；

⑤“无论是欣赏或是创造，都必须见到一种诗的境界”；

⑥“诗的境界是用‘直觉’见出来的，它是‘直觉的知’的内容而不是‘名理的知’的内容”；“一个境界如果不能在直觉中成为一个独立自足的意象，那就还没有完整的形象，就还不成为诗的境界”；

⑦“每首诗都自成一种境界。无论是作者或是读者，在心领神会一首好诗时，都必有一幅画境或是一幕戏景，很新鲜生动地突现于眼前”；

⑧“诗的境界是情趣与意象的融合。情趣是感受来的，起

于自我的，可经历而不可描绘的；意象是关照得来的，起于外物的，有形象可描绘的。情趣是基层的生活经验，意象则起于对基层经验的反省。情趣如自我容貌，意象则为对镜自照”；

⑨“意境为情趣意象的契合融贯，但是只有意境仍不能成为诗，诗必须将蕴蓄于心中的意境传达于语言文字，使一般人可以听到看到懂得”；

⑩“情景相生而且相契合无间，情恰能称景，景也恰能传情，这便是诗的境界。每个诗的境界都必有‘情趣’和‘意象’两个要素。‘情趣’简称‘情’，‘意象’即是‘景’。吾人时时在情趣里过活，却很少能将情趣化为诗，因为情趣是可比喻而不可直接描绘的实感，如果不附丽到具体的意象上去，就根本没有可见的形象”。

宗白华：

①“意境是情与景的结晶品”；

②“意境是艺术家的独创，是从他最深的‘心源’和‘造化’接触时突然的领悟和震动中诞生的”；

③“艺术品为一种意境，象征，表现，而自然现象则为实用……”；

④“艺术意境因人因地因情因景的不同，现出种种色相，如摩尼珠，幻出多样的美”；

⑤“艺术境界不是一个单层的平面的自然的再现，而是一个境界层深的创构。从直观感象的摹写，活跃生命的传达，到最高灵境的启示，可以有三层次”；

⑥“艺术家创造的形象是‘实’，引起我们的想象是‘虚’，由形象产生的意象境界是虚实的结合”；

⑦“以虚为虚，就是完全的虚无；以实为实，景物就是死的”；“化实为虚，就有无穷的意味，幽远的境界”；

⑧“气是生气远处的生命。韵为中国艺术中潜伏着的音乐感”；“气韵就是宇宙中鼓动万物的气的节奏、和谐”；

⑨“艺术的欣赏乃积极的工作，非消极的领受，乃创造意境，以符合作者心中的意境。故欣赏者则须以能了解作者的

意境为根本条件”；

⑩ 认为人与世界的接触，由于关系层次的差异而存在五种境界：主于利的功利境界、主于爱的伦理境界、主于权的政治境界、主于真的学术境界、主于神的宗教境界。此外，介于学术境界和宗教境界之间的应为艺术境界。

通过以上所列举的这些文献资料可以看出，“意境”这个中国传统美学范畴，从它的出现、确立到发展和完善，经历了一个非常漫长的历史演变过程。概括地讲，原本属于佛教用语的“意境”是在先秦老庄以道为宇宙生命本体、物我与共、有（实）无（虚）结合等哲学思想以及魏晋玄学关于“有与无”“言与意”的哲学之辩的基础上，由唐朝诗人王昌龄率先使用于诗论中的。之后，对意境的研究则突出反映在宋元时期的“写意”论、“空白”论以及明清时期的诗论方面。而直到“五四”新文化运动以后，意境的研究范围才逐渐扩展到几乎整个艺术领域，其概念也日趋成熟、完善起来。

（2）意境的审美心理结构。从《辞海》关于“意境”概念的界定中可以清楚地看到构成意境的三个基本因素——“情”、“意”和“境”。其中的“情”和“意”主要指创作主体情感理性方面的思想、意念和情愫；而“境”则主要指精神层面呈现的境界、状态，即审美想象的空间。上述这些基本因素的整合在设计创作实践中所呈现的既是一种由情及意、由意到境的生成关系，同时也是情、意、境三者相互融合与升华的过程。也正因为有了这种生成关系和融合、升华的过程，一些原本对立的因素（有限—无限、瞬间—永恒、虚—实、显—隐等）才在艺术作品中实现了一定意义上的统一，从而也造就了图形或形态的意境美。而对于那些认真的、用心的接受主体来说，在欣赏优秀的艺术作品时，几乎都能真切地感受到创作主体在构建时空境像这一意境的构成基础方面，为了营造时间流程和拓展空间所运用的各种表现手法。

尽管我们把情景交融生成的象外之象都视为意蕴式形象——意境，但正如章利国先生在其论著《设计艺术美学》中所指出的，“情景交融的艺术形象所构成的是实境，这是有限的，具体的。而由实境所引发出来的境则是虚境,这是无限的。意境则是象与境、虚与实的辩证统一,是情景交融的艺术形象和它所引发的想象的形象的总和。意境的实质是按照典型化的原则,采用虚实结合的手法,获得以少胜多、言有尽而意无穷的艺术效果。"[①]除此之外,另一位学者朱国庆先生则特意从艺术本体论角度,就意境的实质问题作了独到的描述与澄清。他在其论著《艺术原理》中写道:"一般对意境有三种看法,一是说意境即艺术形象(直接形象说);二是说意境是艺术想象(间接形象说);还有一种是把意境看成艺术形象与艺术想象的统一(情景交融说)。这三种意见尽管有所不同,但它们的共同之处就在于,把意境理解得过于落实,把意境与形象混淆了起来。其实,我国古代的意境理论是最典型、最透彻的艺术本体论,因为它最早就是引进了佛教哲学的本体范畴——'境'而后逐步建立起来的,所以意境是一种象外之象,是形象(包括直接形象和间接形象)之外的艺术本体,它是对艺术形象的超越与否定,它不仅超越直接形象,也超越间接形象,它并不是一种情景交融的画面,而是一种无形的、空灵的生命力的结构(历来对意境的动态美的研究证明了这一点),是一种带有浓厚的神秘色彩的本体论范畴。整个艺术作品正是由意境这个本体与形象这个实体构成的双层结构。这样看,才可以领悟意境的本意。"[②]

当然,从严格的意义上讲,意境的构成还有另一个基础存在,这便是接受主体在解读作品时,同创作主体的默契与合作。在这里,接受主体的主要作用是进一步充实和丰富由创作主体创造的相关艺术形象,并最终使其成为真正意义上的具有较高审美价值的所谓"意境"。也只有这样,艺术形象才能得到接受主体心理上的认同和情感上的共鸣。

这里,我们特地以"空白"表意形式为例,看一看这种策略或手法在设计意境的构成中是如何发挥作用的。众所周知,空白策略无论在文学创作实践中,还是在绘画和设计创作实践中,都对相关

---

① 章利国:《设计艺术美学》,山东教育出版社,2002 年,第 86 页。

② 朱国庆:《艺术原理》,中国美术学院出版社,1994 年,第 93 页。

意义(意象、意境)的生成起着异乎寻常的积极作用。在文学作品的叙述范畴中,空白现象不一而足,性质也各异。既有“设置悬念”式的空白,也有“中断性隐匿”式的空白,更有“微言大义(语言高度浓缩)”式的空白。就这些空白手段的特点而论,“设置悬念”式的空白手段也好,“中断性隐匿”式的空白手段也罢,它们都是文学语言之所指层面的断裂带,都属于部分所指“不在场”现象,都需要通过接受主体的填充,方能完整地再现作品语义之潜在的联络格局。而“微言大义”式的空白手段则突出反映在文学语言的能指层面,只有充分发挥一语多义的功能,才能消除或补足创作主体有意制造的这种能指的残缺与不足。

在设计艺术领域,那些“空白”、“中断”、“省略”等现象几乎都是被创作主体当作隐喻或象征手段运用的。其主要目的在于:首先,使图形或形态所呈现的语言的正常节奏失去平衡,使空白或中断处成为视知觉的张力场,进而变成引发想象与期待的东西;然后,再让被空白策略打断的视觉流程通过心理暗示或诱导而得以恢复和进一步完善;最后,使这种充分体现“无中生有”或“寓有于无”的意境成分,参与到图形或形态的整体语义的合成中。这样的图例经常可以遇到,其中最具代表性、最广为人知的设计作品有体现正负、虚实、有无之反衬、轮转运动的“阴阳太极图”;表达黑白矛盾与统一的图底转换的“鲁宾之杯”;美国苹果电脑公司的标志——残缺的苹果;等等。

宗白华先生对意境的内在结构作了深入的解析,认为意境的构成分为表层、中层和深层三个层级。其中,“表层”指物象实体的再现,即所谓“直观感相的摹写”。处于这种状态的物象,尚未被审美主体精神美所触及。例如,2008 年北京奥运会会徽中“舞动的北京”这一形象,就是感官所直接感知的“似印非印”、似“京”非“京”、人在舞动的实体形象。“中层”指超越感官所及的情感精神意向,即所谓“活跃生命的传达”。处于这种状态的实体形象已经成为因情感的渗透而具有了灵魂的象外之象——意象(境中之意)。这时的“北京印”图形已经能使人获得“张开双臂,迎接四方友朋,与世界共舞”等信息。“深层”已是一种“无形层”,指将中层中获得的意象进一步抽象、升华而形成的“境外之意”，即所谓“最高灵境的启示”。处于“深层”的“北京印”形象已是对情与象的超越，它所引发和激起的是接受主体对“中国文化、中国精神、中国形象”以及办好奥运会的雄心与能力的联想和想象，同时也是人们对审美主体的人生观、生命哲学情调乃至艺术境界的感悟。总之，营造意境的过程“就是一种由形入神、由物会心、由景至境、由情到灵、由物到天、由天而悟的心灵感悟和生命超越过程，这是一个变有限为无限、化瞬间为永恒、化实景为虚境的过程，一个个人心灵与人类历史沟通的过程……”①

综上所述，可以对设计意境的深层审美心理结构作出如下概括性的小结：

第一，设计意境的营造或创构必须具备两大基本要素：其一是作为其母体或基础的图形或形态的实的艺术形象（符号），通常称其为“实境”，这是设计意境中可以捉摸的有限的成分；其二是潜隐或静伏于设计艺术形象中的不易捉摸的、神秘无限的审美想象空间，这是一种包括情、意在内的主观性成分，通常称其为“虚境”。

第二，虚境又有浅层性和深层性的区分。“浅层虚境为审美想象中原表象的深化、分化、在不同感官领域中的转化及异化运动；深层虚境则包括了象外之象（由原表象触发的联想象、幻想象、扩想象）及丰富的象外之意。”②

第三，作为“人类智慧工程之结晶”的设计意境，是由实境—浅层虚境—深层虚境辩证相生、自然互化而成的一种足以体现中华民族深层审美心理的复杂形态。与此同时，作为一种实现了形、神、情、理和谐统一从而充满了张力的心理场的设计意境自然成为了自由、永恒的精神境界。

（3）意境的审美特征。关于设计意境的审美特征问题，由于观察角度的不同而往往产生不同的描述。例如，有人依据意境中

---

① 《中国大百科全书·美术卷》，中国大百科全书出版社，1991年，第991页。

② 蒲震元：《中国艺术意境论》，北京大学出版社，2004年，第86页。

的“虚实”关系、“意—境—情”关系和“心中之意与心中之境”等关系,分别总结出“取境美”“情性美”和“韵味美”三大审美特征。然而,也有人从意境与文化的关系、意境中的动—静关系、不同设计领域的不同意境的营造、意境形式等角度,归纳出意境所具有的“文化性”、“交互性”、“差异性”和“形式感”四大审美特征。蒲震元先生指出,“意境的特征正在于,它既是直接的,又是间接的,既确定又不确定,既是形象的,又是想象的(无论创作、鉴赏均如此)。因而它既具有特定形象的直接性、确定性、可感性(‘落笔便定’),又具有想象的流动性、开阔性、深刻性(‘触则无穷’)。它的实的部分在艺术作品中表现为实的画面,是种既真且美、虽少而精、导向力强的画面,具有能感触和捉摸的品格。它是作品中实的客观存在,即意境中的稳定部分。但它又蕴含着概括性极强的艺术虚境。这是作品意境中不确定的颇难捉摸的部分……或曰神秘部分。”①

至于虚境的特点问题,蒲先生作了如下分析:首先,由于虚境是一种审美想象,通常在作品中得不到明现,所以便具有一种间接的具象性的特点;其次,由于想象是无限广阔的、不确定的,所以虚境便具有无限泛指性(流动性、不确定性);第三,由于虚境中的各种表象运动是有规律的,要服从于实境的发展逻辑,所以虚境便具有情与理辩证相生的特点。②

(4)意境与意象之比较。在作为设计语言的隐含性语义成分的意象和意境之间,既有联系及相同之处,同时也存在着一定的区别。首先,意象和意境都蕴含着“意”,也都浸染着“情”。而且,由“情”和“境”所产生的相关意念或意义,不是情感意义性质的,便是联想意义或者象征意义性质的,都只是对设计语言理性意义的一种补充,都属于附加性的语义成分。其次,意象和意境都处于设计语言的深层结构内,而且它们之间又是一种特殊的局部与整体的结构关系。作为一种封闭性符号形态结构的意境实际上是意象

① 蒲震元:《中国艺术意境论》,北京大学出版社,2004年,第30页。
② 参见蒲震元:《中国艺术意境论》,北京大学出版社,2004年,第31页。

的总和(或者说,意象是组成意境的具体单位),同时又可以把意境看作是意象中的一种充满哲理性意蕴的类型。

意象和意境的主要不同之处在于:①“意境是意象,但并不是任何意象都是意境。意境除了有意象的一般规定性(如情与景的交融)之外,还有自己的特殊规定性。意境的内涵大于意象,意境的外延小于意象。”[①] ②意象在一定意义上是创作主体营造意境的手段和方法,而意境则是创作主体内心的情感结构(包括人生态度、思想修养、审美意识等成分)的审美表现。③意象中“象”的含义具体而实在,其所指为具体的物象;而“意境”中的“境”的含义范围大于“象”,且较虚,其所指为事物所达品地或综合效应。④“意境、形象常常用来描述作品的整体画面、整体形象,是就作品的整体效果而言的。而意象则是构成作品艺术形象、艺术意境的‘细胞’,是就作品的单一部分而言,诗人表情达意时往往注重意象的特别构建。而意境能够通过意象的连缀构成更高深的境界。”[②]

最后,从意境的功能着眼,可将其区分为下述三种:①服务于实用目的的功利性意境;②适应人性化特征的伦理性意境;③反映美学性质与特征的审美性意境。

4.4.2.3 设计语境

(1)“语境”概念的界定。“语境”这个术语为英国学者马林诺夫斯基于1923年所创用。后来,随着国际语言学界研究语言的重心由对语言结构及使用规则的静态性描写,转向对言语过程的动态性分析,语境问题逐渐发展成为一个新的研究领域。

为完整、准确地描述“语境”之概念,首先让我们了解一下中外学者们关于“语境”概念问题所作的见仁见智的界定:

① 语境指“说话的现实情景,即运用语言进行交际的具体场合”(《辞海》);

② 语境又称“情景语境”,指使用语言时所处的实际环境,包括语言之内的和语言之外的(《语言学百科词典》);

---

① 叶朗:《现代美学体系》,北京大学出版社,2004年,第97页。

② 转引自周瑞敏:《诗歌含义生成的语言学研究》,中国社会科学出版社,2009年,第38页。

③ 语境是一个理论概念，构成语境的各种因素是语言学家从具体的情景中抽象出来的，这些因素对语言活动的参与者所产生的影响系统地决定了话语的形式、合适性或意义（莱昂斯）；

④ 语境是一种极为具体的运作，是关于对话者的现状、快速转换的信念与意向状态的心理模式（吉翁）；

⑤ 语境是言语交际中受共同行为规则制约的社会情景，包括地点、时间、身份、主题等（费什曼）；

⑥ 语境是一种心理建构体系，是听话者对世界的假设，这种假设可以是真的，也可以是假的，它们以概念表征的形式存在于人们的大脑中，构成一个人的认知环境（斯波伯、威尔逊）；

⑦ 语境指话语的形式与内容、背景、参与者、目的、语调、交际工具、风格和相互作用的规范等（海姆斯）；

⑧ 语境即语篇得以产生的环境条件，对语篇起着相应的选择作用，如选择语篇的组织结构、语体风格等（哈桑、韩礼德）；

⑨ 语境是一个从符号学角度解释语言使用的抽象的理论范畴，用以描述意义潜势和语言体现形式之间的相互关系（尚媛媛）；

⑩ 语境就是言语理解和表达的环境（曾文雄）；

⑪ 语境是语义分析平面上一套彼此相关、抽象的观念类别（弗斯）；

⑫ 语境是时间、地点、场合、对象等客观因素和使用语言的人的身份、思想、性格、职业、修养、处境、心情等主观因素所构成的使用语言的环境（王德春）；

⑬ 必要的解释性上下文和（或者）功能与其相同的情景（言语的外部环境）称为语境（《苏联科学院 80 年语法》）。

上面列举的各种各样的界定方案使我们看到了不同学者对语境理解的不同角度，同时也使我们从中意识到这些界定方案中所包含的相同或者相近的内容。综合中外学者们所持的上述语境观点，我们认为，对语境这个概念应作这样的阐释：语境是人类交际中一切语言活动或言语行为必不可少的参与因素，是影响或制约话语生成及意义解读的语言因素与非语言因素的总和，也是言语行为赖以生存的物质和社会环境。

（2）各国学者的基本观点及贡献。古今中外，有不少学者都从不同角度在“语境”问题的研究上下过工夫并且做出了自己的贡献。其中，不乏哲学家、逻辑学家、人类学家、社会学家、语义学家、语用学家、认知学家乃至民俗学家等。在这里，我们特意选择了一些比较知名的学者的著名观点及其贡献作一扼要介绍。

古代学者：

亚里士多德（古希腊）：词语出现的不同语境决定了词语的意义。

中国古代的先哲们：言语的表达应根据“时机”“场合”和“对象”采用不同的方式。

刘勰（南朝）：通过字、句、章、篇之间的相互关系来揭示上下文对话语意义的表达和解读的作用。

英国学者：

马林诺夫斯基：首创“语境”这一术语；将语境区分为狭义的（情景语境）和广义的（文化语境）两种；强调没有语境就没有意义。

弗斯：强调语言的意义来自情景的衬托；语境不同，相关意义的功能也不同；“结构”和“系统”分别代表了纵—横两个向度语境中的一组选择；语境影响着语言变体的产生与变化。

韩礼德：主张研究语言功能应将解释环境特征和语言特征联系起来；提出“语域”（语场、语式和语旨）学说，将交际者因素引入语境研究。

莱昂斯：提出构成“语境”这一理论概念的各种因素是语言学从具体的情景中抽象出来的；归纳出说话人应具备的六个方面的知识（言语行为所涉及的时间和空间、交际媒介、正式程度、所属语域、说话人的作用及所处地位、如何使自己的话语适合交际的话题）。

列文森：探讨了语境与言语行为、语境与前提的关系问题;提出语境相对性的概念,认为语境起确定命题意义的作用。

美国学者:

费什曼:从社会学角度阐释语境,提出语义场概念,强调言语行为与语义场相适应。

海姆斯:将交际能力列入语境,认为言语、功能和交际能力分别比语言、结构和语言能力重要。

皮尔斯:强调如果符号脱离了语境,其所指便无法确定。

吉翁:强调语境是一种具体的心理运作,认知是干涉语境的因素。因此,语境研究应重视其心理角度,而非交际参与者的外在物理环境状况。

布朗和尤尔:总结出决定相关语境的两大原则:局部原则和类推原则。

乔姆斯基:强调对语义问题的研究,必然联系非语言因素所发挥的重要作用。

比利时学者:

维绪尔伦:强调语言语境(信道)和交流语境是影响交际中的语言选择的两大基本因素。

俄罗斯学者:

雅库宾斯基:首次发现共同的统觉基础(心理因素)对语言理解的影响。

捷姆斯卡雅:考察了语境对口语的影响,认为言语活动的无准备性、无拘束性,影响说话人对口语或标准语的选择,而语境及交际伙伴的共同统觉基础则影响口语的结构;指出说话人或其集体成员的共知信息、共同的生活经验,即为共同的统觉基础。

什里亚耶夫:研究了作为超语言因素的语境对口语的影响;提出语境由上下文、可感知的情景或事物、个别统觉基础三个因素构成。

雅尔采娃：区分了大语境和小语境以及语境的“解释、支持、抵消、补偿和强化”五大功能。

日本学者：

西稹光正：研究了语境对语言的微观和宏观结构的制约，总结出语境的八种功能（绝对、制约、解释、设计、滤补、生成、转化、习得）；提出语境的表达性功能为生成、暗示、创造、协调、省略，而理解性功能为解释、引导、过滤、转化和补充。

中国学者：

陈望道：强调修辞要适合内容复杂的题旨和语境，提出与此相关的“六何”理论（何故、何事、何人、何时、何地、何如）。

张志公：区分了“现实语境”和“广义语境”的特点与功能。

何兆熊、朱永生：强调对语境的动态研究。

胡壮麟：提出语境研究的三元化（语言语境、交际情景、文化知识）的设想。

王德春：强调广义语境就是语境中的主观因素，即语言使用者的身份、性格、职业、修养等。

综上所述，可以总结出如下两大特点：

① 中外学者对语境问题的探讨或研究是多角度的多维性的研究。他们都为“语境学”这一新兴学科的建构做出了自己的宝贵贡献。而且，在当今语境研究之“百家争鸣”的大环境中，各路学者的研究成果的传播与交流为“语境学”理论的系统化、成熟化创造了有利条件。

② 从总体上说，欧美学者、俄罗斯学者和我国学者语境研究的取向性也不尽相同：持广义语境观的欧美学者多致力于考察宏观语境对话语或语言使用的影响，偏重于对非语言因素（语言外因素）的分析；持狭义语境观且擅长口语研究的俄罗斯学者的研究兴

趣则放在语言内因素的特点及功能上,放在微观环境对话语之生成的局部影响上,而且有些学者甚至侧重于对心理因素影响语言使用的研究;中国学者除了同样注重广义语境的研究外,还特别强调对语境的动态研究。

(3) 语境的类别。从不同学科的角度或观点考察语境,会得出不同的语境种类的区分结果。例如,"从语言学的角度看,语境可以分为言辞语境和社会语境;从社会学的观点看,语境可以分为主观语境和客观语境。客观语境是指社会、文化、习俗、思维方式、风土人情、地理环境等;而主观语境指参与者的各种情况,包括知识结构、意识积淀、经历、心境、风格等因素。从文学研究的角度看,语境分为上下文语境、情景语境和文化语境"①。

不过,若按语境的性质、特点及功能的差异现象进行综合分析,其类别的划分情况大致为:

① 广义的语境:通常指包括语言因素、情景因素和文化背景因素在内的语言环境,即指所有与语言使用相关的因素。

② 狭义的语境:指实施言语行为的具体事件与实际情况,或指语言理解的上下文。

③ 情景语境:亦即语境,为语境的别称,指言语行为发生时所处的具体情境。

④ 情感语境:指言语交际时,双方为话轮的自然转换(说话人和听话人角色的变换)作铺垫的会话氛围,而双方为营造这种氛围所进行的情感互动与融合,必须是方向相同的、目标一致的;参与这种情感语境建构的,同样既有语言因素,又有非语言因素。

⑤ 语用语境:指言语交际中能够使话语的显现性内容同隐含性内容产生关联,从而有助于言语的得体表达和正确解读的那些情景因素与背景因素。

⑥ 文化语境:"指说话人生活于其中的社会文化。"②这一定义可具体理解为,具有群体意识性与时代性特征的,足以反映一个民

① 曾文雄:《语用学的多维研究》,浙江大学出版社,2009 年,第 47 页。
② 戚雨村等:《语言学百科词典》,上海辞书出版社,1993 年,第 447 页。

族的文化意识、时代、社会、历史状况，宗教、习俗特点的宏观性背景因素。语境的文化功能是生成文化语境的催化剂。

⑦ 主观语境：指交际双方的各种情况，包括意识积淀、受教育情况、个性、心境、风格、经历等。

⑧ 客观语境：主要指社会、历史、文化、民族习俗、风土人情、地理环境、思维方式等。

⑨ 大语境：指从宏观上影响话语解读的那些语境因素，如直接影响到话语之方式、语调和风格的双方的年龄、性别、性格、职业、品质、受教育程度，以及他们的政治、经济、文化、时代背景等。

⑩ 小语境：指从微观上影响话语解读的那些语境因素，如主要影响话语之结构和语义层面的上下文（前言后语）、情景（时间、地点、场合）和双方的统觉基础（共知信息及共同生活经验）等。

⑪ 认知语境：包含四个语用范畴：语言的上下文知识，与言语行为相关的情景知识，背景知识，储存在个人知识结构中的集体意识。

除此之外，还有学者进一步扩大视野，将语境分类的依据进一步细化，从而获得两分法的分类结果，如动态语境和静态语境、真实语境和可能语境、物质语境和社会语境、整体语境和局部语境、显性语境和隐性语境、强势语境和弱势语境等。[①]

（4）语境的特点与功能。所谓"设计语境"，亦即作为"设计语言交际"中言语行为（创作主体的审美创造和接收主体的审美接受）之构成因素或参与因素的语境。它同样是一种具有重要价值的超语言要素。其中，既含有促使设计语言或话语之生成的各种客观成分，同时也含有足以决定交际双方（设计师与受众，即创作主体与接受主体）之言语风格特点的主观性成分。在设计语言交际中，言语行为的本质属性需要通过设计语境来体现，而这种设计语境自身存在的价值，也只有透过相应的言语行为或设计话语才能反映出来。

设计语言交际中的话语或言语行为是在设计语境因素的参与

---

① 参见曾文雄：《语用学的多维研究》，浙江大学出版社，2009 年，第 47 页。

下形成或实施的。设计语境不仅影响到设计话语的表达，而且也影响到对它的准确解读。因此，对于设计语言，只有在特定的语境中才能判别其是否正确、得体；设计图形或形态意义（设计语义）的生成也只有在特定的语境中才能实现。

设计语境也同自然语言及其他艺术语言中的语境因素一样，同样是产生话语的依据和根基。语境整合了语境和语言的关系并使话语形成有别于语言的结构—语义特征。在语境的干预下，话语形成共同的结构—语义模式——共同的话语结构、共同的话语所指和共同的话语文化。

语境主要具有两种性质的功能：其一是语言功能，其二是文化功能。语境的语言功能突出表现在结构—语义、语用等层面：

① 在语义成分的链接中，语境具有结构性补缺的作用。受"经济规律"的影响，在话语单位的线性组合链中常会出现话语单位省略、缺失的现象或语义表征中信息空白的现象，这时，就需要通过语境因素来补缺、填空或搭桥了。例如：

甲：你到哪里去？
乙：看病。

答语中被省略的话语单位"我"、"去"、"医院"，显然就是由语境因素填补起来的，因此丝毫不会影响问话人对答语的正确理解。

② 在话语单位的选择体系（聚合层面）中，语境所发挥的是一种结构性的验证功能。这种功能可以检验出被选用的单位是否准确、得体。例如：

第一方案：李先生　　在写　　东西
第二方案：李先生　　在写　　小说

在这里，第二方案中的"小说"显然比第一方案中的"东西"更准确、具体。在这一"类聚关系"中，从规划单位的"东西"到变异单位"小说"的转换，充分体现了语境之验证功能所产生的效应。

③ 语境因素可以使交际中语言单位的“字义”（外延意义或显现性语义成分）同其“用意”（言外之意或隐含性附加语义成分）有机地结合在一起，从而揭示出交际语言潜在的逻辑关系。例如：

甲：啊，老同学！什么风把你吹来的？快请坐！

乙：想念你呗！不过，我现在肚子真有点饿了。

处于这种语境中的甲一定会把乙的第二句话的字义“饿”同其言外之意（拿点吃的来）联系在一起。

此外，在语境的语言功能方面，单就它对语义的影响而论，还可以从语言的使用和研究角度概括为绝对性、解释性及制约性三种功能。绝对功能亦即语境功能的普遍性；解释功能亦即预警的说明或解释能力；制约功能亦即语境对语言使用和研究的影响能力。①

具体到设计语言中，语境的基本功能则突出体现在以下三个方面：作为补充信息的载体，可促进附加意义的生成；显示设计语言的确切含义；展示设计语言的内涵，烘托或强化设计语言。这就从另一个角度证明，语境具有促使话语生成及准确理解的功能。语言交际过程中的话语，作为语言的一种实际运用形式，是符号的运作机制与推理机制、语言的内在特征与外在因素共同作用的生成物，任何话语都不是抽象的、孤立的言语实体，它们的生成以及被理解无不受到语境因素的影响或制约，或者说，无不与交际情景、社会、文化、习俗等外在因素密切相关。

语境的文化功能主要指“文化语境”在言语交际中所发挥的作用。而要了解语境的文化功能问题，就必须首先搞清楚语言与文化之间是一种什么样的关系。一般认为，语言与文化之间的关系，是相互依存性质的。一方面，任何一种民族语言都是整个文化或全部文明的载体和传播工具；另一方面，文化又是语言存在的基础，语言的具体运用及理解，都必须考虑到相关的文化背景因素，

① 参见曾文雄：《语用学的多维研究》，浙江大学出版社，2009 年，第 53 页。

或者说,都会受到相关文化背景因素的影响或制约。

语境的文化功能在于:

① 它能通过对人们生活在其中的各种社会文化因素的整合,营造出一种文化语境的氛围,并使其相应的语言符号充满文化的内涵和民族的情感;

② 一定的文化语境可以反映出相关语言的文化特点与民族情调同其他语言的差异和不同,从而强化或突显出它的独特性;

③ 语境的文化功能还体现在它对语言及其使用者的制约方面,因为长期形成的民族文化传统在特定民族中所积淀起来的集体意识逐渐成为人们交往过程中必须共同遵守的规约或潜规则,不"照章行事"便无法实现交往的意愿与目标。

最后,由于设计语言是一种形象性极强的符号化视觉语言,所以语境的文化功能在设计语言中表现得更加直观、更加突出。

4.5 设计语言的语义运作机制

作为一种蕴含着意义的设计艺术的图形或形态虽然只是一种不同于自然语言的视觉形象,但它所呈现的语言毕竟属于符号型语言范畴,是一种极为典型的符号化的视觉语言。这种语言既体现了物质与精神相辅相成的特点,同时也反映了能指与所指自然合一的特征。因此,设计艺术不光是在创造艺术符号和构建有意义的形式,而且也是在创造用来传达特定信息(思想、意念和情感)的设计语言。

同自然语言相比,设计语言同样具有自己的物质属性、精神属性与社会属性;在语义的表达上,这两种语言都讲究隐喻、张力、语境、空白、陌生化等表达方式及背景。若同诗歌语言相比,则设计语言又同诗歌语言的美学性格极为相似,二者均属于特殊的艺术语言形式。诗歌语言是一种"语言艺术音响化和音响艺术语义化"的双重性格的艺术语言,而设计语言是一种"语义图形化和图形语义化"的双重性格的艺术语言。设计语言的"语义图形化"指设计主题和观念(所要表达的语义)被赋予一种确切而合理的特殊语言形态——蕴含意义的视觉形式,即将信息物化为形象;而"图形语义化”则指使作为感知觉媒介的形态成为一种荷载意义且充满张力的特殊认知对象，即以形象载信息。此外，两者的语义运作机制也十分相似，而且都突出表现在协调和整合语义的“组合关系”和“聚合关系”上。

“组合关系”和“聚合关系”是两个对立的概念，是结构主义语言学大师瑞士语言学家索绪尔所创用的一系列语言学二元对立概念（如语言和言语、共时和历时、能指和所指等）之一。语言系统就建立在语言单位之间这两种基本关系之上。其中，“组合关系”指符号或符号链中各组成部分之间的横向顺序排列，即前后依次相接的线性排列。例如，在下列三个句子中，词与词的排列就是线性的、横向的、依序的排列组合：

① 王秘书　　看　　报
② 妈　妈　　炒　　菜
③ 老　师　　批改　　作业

组合关系亦称“配置关系”，通俗一点讲，这是一种相当于“……和……和……”的关系，是一种词与词的前后结合，而且这些词可以按顺序同时出现在同一个句子中。组合关系是显现性的。

聚合关系亦称“类聚关系”或“联想关系”，如上述三个句子中的“王秘书、妈妈、老师”，“看、炒、批改”，“报、菜、作业”就分别构成了三个纵向的类聚系。处于纵聚合系中的词（语言单位）是一种纵向联系，可以互相取代，但不能同时出现在同一个句子中，它们之间是一种存在于意识中的潜在性联系，通俗一点讲，就是“……或……或……”的关系。正因为如此，聚合关系又称为“选择关系”。聚合关系是隐含性的，存在于人的记忆中。

关于横组合关系和纵聚合关系的具体运用问题，还可以拿写诗为例加以说明。诗人在写诗时都是按照一定要求将词语进行线性、横向、依序排列，进而编织成一个个诗行的。例如，诗句“出师未捷身先死，长使英雄泪满襟”里的词语就是组合关系。而诗人在创作过程中所进行的“选词炼字”的推敲工作(其中有些词甚至经过多次更换),正是对横组合段上的某个或某些成分所进行的纵聚合系成分的选择或置换。由此可见,语言的正常运作的基础就是在具体组织语言的过程中整合、处理好组合关系与聚合关系。

继索绪尔之后,又有一些学者利用纵横两条坐标轴线的形式来探讨组合关系和聚合关系。另一位结构主义语言学大师雅可布森甚至率先将“两轴说”运用到了诗歌语言语义运作机制的研究方面。他认为,横组合成分之间具有“邻接性”特征,所以能进行线性依序连接;纵聚合成分之间具有“相似性”特征,所以可对它们加以选择和置换。这两种特征从语用修辞方式——“比喻”的类型来讲,立足于邻接性特征的比喻类型为转喻,而立足于相似性特征的比喻类型则为隐喻。转喻主要体现在具有历时性向度的组合轴上,它是以一定的邻接关系进行的替代(如用发辫或裙子“代替”姑娘);而隐喻则主要体现在具有共时性向度的聚合轴(即选择轴)上,它是基于某个方面的相似所进行的替代(如用花朵来“比喻”少女)。

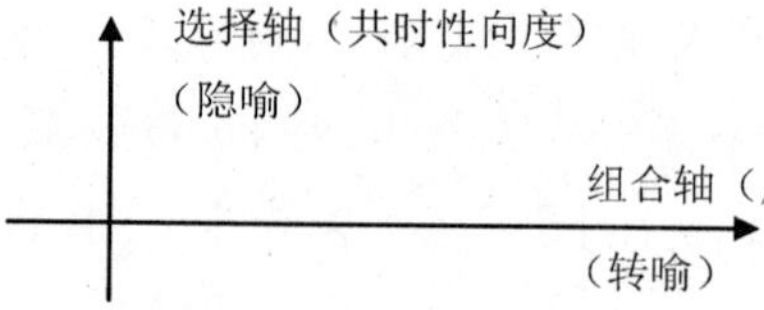

这里需要说明的是,雅可布森的“隐喻”、“转喻”概念并不完全等同于修辞学中的相关含义,正如徐恒醇先生所说,“他所提出的‘隐喻’是指以类比或相似性为基础的比喻代用词,如‘汽车甲壳虫般地行驶着’。在这里,汽车的慢速行驶,使人联想到甲壳虫的爬行,通过选择关系将两者并列,它们构成一种共时态的存在,两者具有等值性。‘转喻’则是指以空间的相邻或临近性为基础的比喻代用词,如‘白宫在考虑一项新政策’。在这里,白宫因为是美国政府所在地,所以直接取代了美国政府,它构成一种直接的句段关系,形成一种历时性存在,两者也具有等值性。”①

① 徐恒醇:《设计符号学》,清华大学出版社,2008年,第29页。

关于横组合段与纵聚合系的内在关系问题，赵毅衡先生在其论著《文学符号学》中做了这样的描述："由于横组合段是显现的，所以它是言语的基本关系；由于纵聚合系是隐藏的，所以它是语言的构成之一。而且，由于横组合段离开纵聚合选择就无法成形，所以，横组合段可以被视为巨大的、多元的纵聚合系的水平投影。我们接触到的符号链是横组合式的，但这横组合是被纵聚合系控制着的……所以，任何符号活动都是从纵聚合轴向横组合轴的投射……横组合不可能比纵聚合先行，正如言语不可能比语言先行……横组合段越长，纵聚合系就越大。而且，更重要的是，不同符号链的横组合段背后隐含的纵聚合系也不一样。"①

总之，雅可布森的这种两轴理论较为准确地描述了人类语言具有纵横两种基本向度的语义现象。其核心在于，横组合轴上的所有语言单位，都是被依序邻接在一起的，而纵聚合轴上的各隐含性成分又都能以"对等"或"等价"（指语义上相同、相近，或者虽然相反但作用相当）的身份，置换横组合轴上的语义单位。正因为如此，雅可布森才把这种现象称为"对等原则的投射"，亦即把语义上的对等原则映射到了组合轴上，或者说，把相似性投射到了邻接性上。

具体到设计语言的结构来说，其语义符号的配置关系（语汇的组织关系）同样符合上述"横组合关系"与"纵聚合关系"的规律，同样显示出设计语义与此相似的运作特点。这种情况充分体现了设计语义的内在运作机制同设计语言编码组合所产生的外在形式之间的对应关系。要将那些设计元素（语料）构合成一个图形或形态，同样得在聚合轴的"语料库"内选择最合适的语料，同样得运用语义"对等"的原则。可以说，创作主体在设计创意过程中的任何修改或变动都自觉或不自觉地利用了设计语义的上述运作机制。不过，需要特别指出的是：①在这里，虽然同称"横组合关系"，但在许多情况下已不是自然语言中那种纯粹的单向（水平）性的"线性"连接，而是上下左右、有纵有横的多方位、多维性的所

---

① 赵毅衡：《文学符号学》，中国文联出版公司，1990年，第55页。

谓“线性”连接。之所以仍然称其为“横组合关系”，是因为这种关系并未丧失其“邻接性”、“依序性”和“显现性”的基本特征。这是设计图形或形态本身所要求的排列、配置方式。②设计图形或形态之语义的“纵聚合关系”实际上是一种纵向性联想关系，或称“垂直相似性联想关系”。这是在横组合关系的基础上挑选那些潜隐于纵聚合系里的“备用”成分取而代之的“选择性联想关系”，如创作主体在图形创意过程中对图形符号的更换与修改等，正是借助于这种纵聚合性的垂直联想关系，才丰富了创作主体的创意联想，丰富了设计语言语义的变化。③就语言结构与功能而言，设计语言同其他艺术语言一样，除了具备自然语言的各种功能以外，还具有一种特殊的“审美功能”（文学语言中亦称“诗性功能”）。而从语义结构上说，这又是设计语言的“感性层次”，该层次所体现的是一种深层的审美情态关系，它来自于图形或形态的创意过程中创作主体熔铸于设计语言中的情绪、情感和审美态度，来自于他对设计语言之形、义整合的特别的审美关照。

事实表明，许多优秀的设计作品之所以具有产生丰富含义的魔力，并能获得一代又一代接受主体的高度评价，进而得以永久流传，其主要原因之一就在于创作主体十分正确、熟练、巧妙地运用了以语义对等关系为依据的“选择”程序 以及以邻近性为依据的“组合”程序。

第五章　设计语用学

5.1　语用学与设计语用学

众所周知，虽然古希腊和古代中国的先哲们早在探索人类使用语言问题时就已经萌生了“语用”的思想，但直到20世纪70年代开始，语用学才确立了自己真正独立的地位；何况，从英语词汇pragmatics翻译过来的“语用”与“语用学”这两个术语，它们最早的“现身之地”也并不是语言学领域，而是哲学研究领域。最先使用“语用”这一术语的是美国的两位哲学家莫里斯和卡奈普。“他们总结了语言符号的逻辑—哲学研究方法，划分出符号学的三个分支：符号关系学（句法学），研究符号之间的形式关系；语义学，研究符号与符号所代表的事物之间的关系；语用学，研究符号与符号的解释者之间的关系。”①后来，“语用”、“语用学”这两个术语又用到了语言学的研究中，并逐渐形成了研究语言运用及其规律的独立学科，成为语言学中同音位学、词汇学、语法学、语义学并列的一个主要分支学科。

关于“语用学”这一概念的界定问题，由于不同学者研究的切入点或强调的角度各异，所以也像各家对“意象”、“语境”等概念的界定情况那样存在着林林总总、五花八门的说法。光是在曾文雄先生的《语用学的多维研究》一书中就列举了十多种，例如：

① 语用学是对那些未能纳入语义理论的意义侧面的研究（列文森）；

② 语用学是对指示（至少是其中的一部分）、含义、前提、言语

---

① 何兆熊：《语用学概要》，上海外语教育出版社，1989年，第1页。

行为以及话语结构各个侧面的研究(列文森);

③ 语用学是对在一种语言的结构中被语法化或被编码的那些语言和语境之间的关系的研究(列文森);

④ 语用学是对语言行为以及实施这些行为的语境的研究(斯塔尼卡);

⑤ 语用学是一种旨在描述说话人如何使用一种语言的句子来达到成功的交际的理论(肯普森);

⑥ 语用学是对语言的使用和语言交际的研究(艾柯梅杰恩);

⑦ 语用学是对话语怎样在情景中获得意义的研究(利奇);

⑧ 语用学是对由社会各种条件所决定的人类交际中的语言使用的研究(梅伊);

⑨ 语用学系统研究话语的语言特性与话语作为社会行为的特性之间的关系(佛拉拉);

⑩ 语用学所关心的是研究说话人所传递的以及听话人所理解的意义(尤尔);

⑪ 语用学是涉及语言学、认知心理学、文化人类学、哲学、社会学和修辞学的一门交叉学科,有些方面属于认知科学范畴(格林);

⑫ 语用学即语言实用学(胡壮麟);

⑬ 语用学研究特定情景中的特定话语,特别是不同交际环境中如何理解和运用语言(何自然);

⑭ 语用学的两个基本概念是意义和语境,即语言在一定的语境中使用时所体现出来的具体意义(何兆熊)。①

作为语言学的分支学科之一的语用学虽然起步很晚,历史不长,但其发展十分迅速,不仅受到语言学界的高度关注,而且其他领域的研究者越来越多,研究面越来越宽,研究成果也越来越丰富。此外,学科间的这种渗透与融合还产生出各种不同的交叉性学科,如心理语用学、社会语用学、历史语用学、文学语用学、文化语用学、认知语用学、修辞语用学、对比语用学、民族语用学、设计

① 参见曾文雄:《语用学的多维研究》,浙江大学出版社,2009 年,第 2—4 页。

语用学等。

语用学学科的研究对象，概括地讲，是语言符号与其使用者之间的关系问题，这既涉及交际中的说话人和听话人，同时也涉及双方交际时所处的语境情况。也就是说，语用学是从说话人和听话人的角度把人们的言语行为看作是受社会规约支配和影响的社会行为，探讨特定背景或环境下的特定话语，揭示影响话语解释的语境的性质、特点、功能，从中总结出语言交际方面的各种语用规律。由此可见，从一定意义上讲，“语用学实际上是一门语境学，用来研究语言的显性内容（语言信息）和语言的隐性内容（语言含义）是如何通过语境发生关系的”①。语用学不但研究人们在交际中实际使用的语言，或者说，研究语言如何被运用于交际这一问题，而且还从语言使用的角度来解释语言现象。如果我们把语言交际看作是一个多层次的综合体的话，那么语用学研究的最核心、最本质的目标之一就在于使“得体”成为这种交际价值的最高体现，使听、说双方的意图表达与领会获得最佳效果。

就语用学与其他学科的关系而论，如同当今许多学科一样，语用学也不是一种单一性的学科，因为它与诸如语言学、哲学、逻辑学、修辞学、社会学、认知心理学等不少学科之间存在着或渊源、或交叉、或渗透、或互补的不同性质与程度的关系。而单从莫里斯将符号学划分成语构学、语义学和语用学三个分支的情况中，我们即可看出，在同语言学的其他几个分支学科的关系中，语用学同语法学和语义学都有一定的关联。语用学与语法学的关系被人们概括地总结为“语法是语用规则的形式化”；而同语义学的关系，则被形象地总结为“语用学是语义学家几十年前的废纸篓”。这是因为，以往语义学家们把语义学解释不了的现象，全都留给了语用学来处理。此外，虽然语义学和语用学都在研究语义，但有层次上的不同分工。语义学对语义的研究是语用学研究语义的基础，而语用学对语义的研究则是对语义学的一种补充。大体上讲，语义学是对语言意义的静态性描述，所关注的是语言的静态义，即来源于

① 王冬竹：《语境与话语》，黑龙江人民出版社，2004 年，第 35 页。

语言知识部分的抽象性的非语境意义，或曰能够纳入语义理论而且抽象于使用之外的语言意义；而语用学则是对语言意义的动态性描述，所关注的是语言的动态义，即既以字面意义为基础，又与意图、语境等因素密切相关的交际主体的话语意义或称“言外之意”，而不是孤立的字义、词义或句义。如果我们像乔姆斯基那样，把“语言行为”视为“语言能力”，那么与语义学相关的研究对象就是“语言能力”，而与语用学相关的研究对象就是“语言行为”。语用学的基本研究内容包括指示语、言语行为理论、预设、语言的间接性、会话含义、语境、会话结构、会话的合作原则和得体原则等。

“设计语用学”是研究设计语言交际特点与规律的学科。因此，对于已经掌握基本设计理论并从事设计艺术工作的人员来说，要研究设计语用学，就必须首先了解语用学的基础理论，熟悉语用学的学科性质、特点、主要研究对象、与其他学科（尤其是语义学）的基本联系与区别等情况。

设计语用学是语用学的一个相关学科，两者具有相同或相近的性质和特点。因此，既然语用学是对“日常语言交际”问题的研究，即对语言运用及其规律的研究，或者说，是对符号与使用者之间的关系的研究，那么作为语用学相关学科的设计语用学自然也就是对“设计语言交际”问题的研究了。不过，这里需要指出的是，学界之所以把设计艺术视为一种特殊的所谓“设计语言交际形式”，其主要原因在于：①“艺术是适应特定交往方式发展起来的特殊能力、特殊手段和特殊环境三者的统一”[①]；②“艺术与公众、艺术家与观众和读者的对话性关系，从艺术产生的那一天起，就已经存在了”[②]；③“在艺术里，一切莫不归结为对话，归结为对话式的对立与运作，这是一切的中心，一切都是手段，对话才是目的……艺术活动在本质上是整体的具有对话性的对话方式”，“是一种时时处于运动之中并持续进行的对话行为”[③]；④“任何真正

① 黄鸣奋：《艺术交往论》，文化艺术出版社，1999年，第383页。
② 丁亚平：《艺术文化学》，文化艺术出版社，1996年，第155页。
③ 丁亚平：《艺术文化学》，文化艺术出版社，1996年，第172页。

的理解活动本质上都是对话性的”[1];⑤所谓“交际”,“是指语言信息的发送者和接受者使用一套代码传递或交换信息的过程。交际过程包括发送者编码,通过信道传递,接受者解码。在语言交际过程中,发送者和接受者为相互联系的人,使用的代码即自然语言”[2]。

既然我们在此提到了“对话性”这一概念,就很有必要也顺便解释一下言语交际中的另一常用术语——“会话”这个词。一般认为,“会话”是言语交际过程中,说、听双方交流信息与情感的互动方式,它是言语交际的基本形式,也是话语的表达方式。其基本单位是话轮,主要特点是话轮的变化,亦即双方说、听角色的转换。而“对话”又是最常用的会话形式,指一系列结构上相互联系、意义和交际意图相互交融的话语的统一体。[3]

实用语言(即日常语言或自然语言)交际是说话人和听话人围绕某一目的或意图所进行的“你一言我一语”或“一方说,另一方听”式的对话活动;而具有通讯功能和感染功能的设计语言交际,是发生在创作主体与接受主体之间的交际(这也是本书着重探讨的问题);是创作主体与创作对象之间的交际;是接受主体与接受对象之间的交际。不过,设计语言交际同样包含了交际主体、交际动机或意图、交际手段、交际语境、交际过程、交际特点和交际功能等内容。另外,两种语言的交际方式也不大相同。设计语言的基本交际方式是间接性的,不是创作主体与接受主体之间直接对话,而是创作主体围绕一定意图,通过适当手段创造出深蕴意义的设计作品(设计语言),并传达给接受主体,而接受主体又凭借自己的知识、经验、能力等对设计语言加以解读,进行再创造。这种对设计语言的创造、传达及应答性解读过程,本质上就是交往和对话性的;何况设计语义就出现在设计艺术作品与解读者的这种潜在性对话之中。

此外,作为一种文化行为的设计艺术活动具有适应性、选择

① 丁亚平:《艺术文化学》,文化艺术出版社,1996 年,第 182 页。
② 戚雨村等:《语言学百科词典》,上海辞书出版社,1993 年,第 524 页。
③ 参见王冬竹:《语境与话语》,黑龙江人民出版社,2004 年,第 146 页。

性、创造性、传播性、接受性、交流性等。而且，无论设计艺术活动中的哪一种形式——创作、作品、鉴赏，或是批评——都是设计语言交际的具体表现。一般来说，设计语言交际包含了两种性质的过程：其一是共时性过程，即设计作品的创作与接受之间的沟通；其二是历时性过程，即创作与接受之间的历史传递的过程。因为，处于设计语言交际中的设计作品，一方面，"媒介着"创作主体的创作与接受主体的接受；另一方面，又是双方共同创作和营造的所谓"产品"。即使创作主体有一天不存在了，作为"产品"的设计作品还存在，而且其历史生命依然能够通过一代代接受主体的能动性力量而得到延续。

5.2 设计语言交际的主体

设计语用学是对设计语言的"创造与接受"之间的相互关系的研究，也是对设计语言如何适应设计语言交际的研究。这自然就涉及对交际主体之间的对话或潜在性对话的研究。设计语言交际的主体是由设计艺术的创作主体（设计师）和接受主体（受众）结成的对话伙伴。作为一种特殊符号活动和情感表现的设计艺术是语言形式之一，其交往活动的性质自然也属于语言性的对话或交际。现代西方文化研究中，有一种理论认为，语言才是主体与客体之间关系的支点。正是基于语言这一事物，世界才因为被人理解而存在，人也才因为能够理解而存在。"理解本身就是一种潜对话形式。任何真正的理解活动本质上都是对话性的，就像语义产生于语言在说话人之间的位置，语言的意义只有在积极的、应答性的理解过程中才能实现一样，艺术的意义也是作为说者与听者的作者与读者、艺术家与公众相互作用的结果……作品的意蕴出现在作品与解释者的对话之中……"①

设计语言交际中的"创作主体"是具有双重身份的对话伙伴。一方面，作为单独的个体性的社会存在，具有与别人不同的个性、人格、世界观和生活经历；另一方面，他又是集体经验的传达者，因

① 丁亚平：《艺术文化学》，文化艺术出版社，1996年，第182页。

为在从事设计创作的实践活动中，他需要忠实地反映大家的共同意愿或“集体无意识”（一种普遍存在于每个人身上但又超越个性的共同心理基础）。从一定意义上讲，设计作品是创作主体生活经历的外在呈现，或者说，是其生活经历、人格风范、性格特点、人生态度、审美观点、心理因素等的投影。由此可见，创作主体与其设计作品之间是一种“树”与“果”的关系，因为有了树才会有其果。

从接受美学角度审视设计语言交际中的另一个对话伙伴——“接受主体”的角色，我们可以发现几点带规律性的东西：①创作主体创造的任何设计作品都具有某种程度的未定性，都是一种期待补充、延展及再创造的“召唤性结构”，只有具备了创作、接受及二者的交流（对话）这三个维度，才可能构成设计艺术的完整的审美活动。②接受主体同样是一种能动性的创造力量，他们利用自己的直观能力、感悟能力和联想能力，将设计作品从静态性物质符号中解放出来，将其还原为一种鲜活的艺术生命体，既复现了作品之艺术形象的丰富内涵，同时又对原艺术形象进行了补充、发展及二度创造。这正是对作品“未定性”的一种确定。③“接受”行为（解码或阐释）中熔铸了接受主体感知、想象、理解、感悟、情感等一系列因素。这种特殊的心理活动科学、巧妙地协调并整合了感性与理性、有限与无限、具体与抽象、主体与客体、思想与形象的对立统一关系，不仅大大拓展了作品原本的“规定性”，而且也确定了它的“未定性”成分。④设计作品所蕴含的意义是创作主体所创造的意义与接受主体所赋予的意义的总和，或者说，设计作品的意义来源于创作主体与接受主体的共同创造。

设计语言的基础虽然是自然语言，但它比自然语言更具形象性、情感性、审美性等感性特征。在这种设计语言的交际中，创作主体与接受主体之间的对话及对话意识是用对话式的交谈作原型而又不拘泥于语言性的交谈，是在发展意识和创新意识的驱使之下，对语言对话范围的进一步超越，从而成为一种蕴含语用性的隐喻手段。同时，设计语言交际是创作主体同所有接受主体的对话，任何一个接受主体都会对创作主体所发出的设计信息作出自己的理解（即解码）或评价。而且，创作主体同接受主体之间的这种对话又总是经由“创作主体—作品—接受主体”这一关系公式实现的。其中,作为参与者之一的接受主体之参与同样是积极主动的和自由的。也就是说,在整个设计语言的交际过程中,说话方与听话方的发话和倾听也都不是消极被动的。创作主体固然是在通过作品所体现的设计语言而积极主动地“说”,就连接受主体的“倾听”活动也是一种积极自主的对话行为,他不仅“听”到了设计语言的所指事物,“听”到了有待解码和认知的对象,而且还从中获得了能指符号系统所传播、透露出来的那些东西,进而从这种倾听中生发出新的倾听,使说、听双方之间不断形成新的对话关系。

在整个设计语言的交际过程中,对话的双方同样需要遵循“会话合作原则”,同样要考虑“前提”因素、“语境”因素,这样才容易充分领悟“会话含义”,达到交际的目的,实现交际的意图。一方面,设计艺术的创作主体要考虑设计语言的“字面意义”及其含蓄性的“用意”,要顾及接受主体理解设计语言可能具备的背景知识,还要认识到自己所创造的设计语言和实施的言语行为,只有与总的交际意图和目的相符(即符合“会话合作原则”中的“关系准则”),设计形态简洁明了(即“会话合作原则”中的“方式准则”),才能同对话伙伴(接受主体)保持交际对话的默契。难怪美国学者阿·伍·怀特说:“设计的形成必须同时在两个基准面上进行。一是选择含义间的关系,它是读者理解信息含义所必需的。二是选择形状间的关系,它是吸引读者注意力所必需的。平衡两者,才能保证视觉交流的有效性。”①另一方面,接受主体也要自觉地根据双方所共有的背景知识,认真“倾听”与解读设计语言,准确把握其“字面”意义及其会话含蓄内容(“用意”),并在遵循会话合作原则、保持对话默契的条件下进行新的再创造。

最后,还需要特别强调的一点是:作为设计语言交际之基本角色伴侣的创作主体和接受主体都必须具备足够强的心理能力、灵活巧妙的思维方式和充实的知识体系。所谓“心理能力”,主要指直接影响交际主体双方在设计语言交际中的个性心理特征。其中

① 阿·伍·怀特:《平面设计原理》,上海人民美术出版社,2005年,第73页。

包括观察方面的感知能力和联觉能力，构思方面的想象能力、联想能力和创新能力，表达与鉴赏方面的概括、抽象、升华等再创造能力。所谓“思维方式”，主要包括基于第一信号系统的形象思维（或称意象思维）和基于第二信号系统的抽象思维两种。在设计语言交际过程中，这两种思维方式既是相辅相成的，同时也是缺一不可的。至于所谓的“知识体系”，则主要是指设计语言交际的两个主体（设计师和受众）应该具有的知识体系。人类的知识体系是文明时代的产物，而知识则是人类各种实践经验的结晶。无论是设计师还是受众，只有通过学习，通过丰富的生产和生活实践活动（包括审美实践活动和各种交际活动），才能不断丰富阅历，加大知识积累，完善知识结构，形成充实而丰富的知识体系。

5.3　设计语言交际的言语行为理论

言语行为问题是语用学所研究的核心理论之一，它也是一种阐释语言意义的重要理论。最早将语言视作一种行为方式并创用“言语行为”这一术语的学者是英国的人类学家马林诺夫斯基。而言语行为理论的奠基人则是英国哲学家奥斯汀，其重要贡献在于总结出了言语行为的三种基本模式——言内行为、言外行为和言后行为。

（1）言内行为，即以言指事，是一种通过话语表达字面意义的说话行为。这种行为本身尚不能说是言语交际。

（2）言外行为，即以言行事，亦称“施事行为”。言外行为是说话人表达含义、表明意图的行为，以及透过字面意义表达说话意图、实现话语目的的行为，需要通过说话之动作来实施，是言语行为理论中心之所在。

（3）言后行为，亦即以言成事或“取效行为”，指说话人说出的话语给听话人带来的效果（或产生的结果）。由于言后行为这种模式总是会受到语境因素的影响，所以它常常具有不确定性。

人们在说话时往往需要同时实施上述三种行为。

美国语言学家塞尔继承了其老师奥斯汀的言语行为理论，并进一步将其系统化和合理化。例如，“他把言语行为理论看作是一种解释人类言语交际的理论……把言语行为对孤立的话语意义的研究提升到对人类交际的研究……认为使用语言就像人类别的许多社会活动一样，是一种受规则制约的有意图的行为，这些规则区分为调节性规则和构成性规则……他将奥氏的言语行为修正为以言行事理论和间接言语行为理论。他把奥氏的言语行为三分说改造为命题内容和以言行事。他认为，以言行事的实施必须满足一定的条件：基本条件、命题内容条件、预备条件和真诚条件，同时，他将言语行为重新分为五类：断言类、祈使类、承诺类、表态类和宣告类间接言语行为，而常规性和非常规性理论是塞尔对言语行为的重要贡献”①。由此可见，言语行为理论的创立尽管并不完善，但毕竟开拓性地推动了语用学学科的研究和发展，使原本仅关注语言本身和脱离语境的语义的静态性研究转向了关注与语言使用相关的各种因素的动态性研究。

综上所述，可以作出如下的小结：

（1）语用学研究中的言语行为其实是指人们为达到自己的交际目的、实现自己的意图而在具体交际语境中实际使用语言的行为，这是受各种社会规约支配的一种语言活动。通常只要我们跟人说话，总会实施一定的行为。例如，当我们发出一些语音，说出一些词语、句子时，就是在实施“言内行为”，亦即用说话来表达字面意义；当我们想要通过话语的字面意义来体现自己的意图时，就是在实施“言外行为”；而当我们的说话意图为交际伙伴所领悟且产生相应的反应时，也就构成了“言后行为”。如果这种“言后行为”不能出现，便意味着本次交际未获得成功，即自己的说话意图未能实现。正常的语言交际过程原本就是由一个连接一个的言语行为共同组合成的。因此，研究语言交际势必会涉及下述两个方面的内容：“一方面，是要说明说话人如何根据一定的规则来实施自己想要实施的言语行为；另一方面，还要解释一个接着一个的言语行为如何构成连贯的、有意义的语言交际。”②

---

① 曾文雄：《语用学的多维研究》，浙江大学出版社，2009 年，第 75—76 页。

② 何兆熊：《语用学概要》，上海外语教育出版社，1989 年，第 78 页。

（2）就设计语言交际中的言语行为而言，既然从事设计语言交际的主体是设计师（创作主体）和受众（接受主体），那么就意味着他们双方在交际过程中所实施的言语行为也就主要表现在设计图形或形态的构思、创造、解读及再创造等一系列活动方面，或者说，设计语言交际领域的言语行为是靠创作主体和接受主体围绕设计作品的构思、创造、解读及再创造等一系列活动体现出来的。而且，这一系列的言语行为也都符合上述言语行为理论的基本特点和规律。

5.4　设计语言交际的"会话含义"

日常生活中，我们常会听到"话里有话"或者"言外之意"的说法。这种话里的"话"或言外的"意"就是语用学中的所谓"会话含义"，也称"会话寓意"。语言在具体使用的过程中往往具有某种程度的隐含性，话语所表达的意义不见得总是与内隐性意义（话语背后的含义）一致的，而后者恰恰是说话人真实意图之所在。由此可见，作为语用意义的会话含义是说话人在话语中暗含或提示的意义，它不同于话语的字面意义，它是语言的形式与功能之间存在不一致性导致的结果，或者说，是违反会话的合作原则而产生的话语意义。会话含义是一种间接的语言形式，是间接语言的重要特点之一。它所关注的不是说话人说了什么，而是他所说的话语意味着什么。这种透过"拐弯抹角"式的委婉表达所体现出来的意义是会话的含蓄内容，经由所说的话语内容透露出来。有人把所说的话语内容称为话语的"字义"，而把会话含蓄内容称为"用意"。"字义"是产生"用意"的基础，但其内涵远不如"用意"丰富。在日常语言交际中，要想准确把握和理解这种会话含义，交际伙伴除了应具备一定的分析、推理能力以外，还应具有丰富的常识，具有同交际伙伴共有的知识以及与话语相关的语境、背景知识等。

会话含义是一种十分常见的现象，一般分为规约性会话含义和非规约性会话含义两种。此外，会话含义具有五大特征："①可取消性，在具体情况下，能因明言声明或语境的作用而不产生会话含义;②不可分离性,改变表达方式不能阻止会话含义的产生;③可推导性,会话含义可根据语句的字面意义通过各项准则推导出来;④非规约性,会话含义不属于语句的规约意义,而是一种非规约意义;⑤不确定性,会话含义在不同的场合有时可作出不同的解释,因此无法确定。"①

关于设计语言交际中的"会话含义"问题,可以从以下几个方面来理解。第一,设计图形或形态的外延意义是直接呈现在接受主体眼前的形象信息。它最先传入人们的感官,而且都具有突出的直观性,完全可以根据约定俗成的公共含义及直观经验进行解读。第二,创作主体通过设计图形或形态间接性地"暗示"出来的含蓄内容,才是设计语言交际中的"会话含义",亦即通常所说的"用意"或"言外之意"。它具有明显的非规约性特点,而且常常是创作主体不肯"直露"和有意留下想象空间,让接受主体去仔细揣摩的所谓"味外之旨"。在这一方面,最典型、最突出的例子莫过于那些充满讽刺、夸张及比喻性语言成分的设计图形或形态。第三,设计语言交际中的"会话含义"和在自然语言交际中一样,很难用一般语义理论解释清楚,因此需要借助于语用分析法。而且,对它的理解也需要凭借设计语言交际伙伴所共有的知识和推理能力。

5.5 设计语言交际的动机问题

"动机"这一概念通常指驱使人们从事某种行为的愿望或意念,或者说,"动机"是一种心理倾向,是诱发人们从事某种行为的一种内在的推动力。它来源于人们想要满足或实现的种种要求以及外部环境中的刺激因素,并且总是同相应的行为密切相关。因此,从来源上说,动机有"生理动机"和"社会动机"之分,而从激起动机的原因上讲,又有"内在动机"和"外在动机"之别。此外,从哲学角度上讲,作为行为之主观愿望的"动机",是同体现实践之客观后果的"效果"组成的一对辩证统一的概念。二者的相互关系

① 戚雨村等:《语言学百科词典》,上海辞书出版社,1993 年,第 198 页。

在于,“动机”导致行为产生“效果”,而“效果”不仅是行为“动机”的具体体现,同时也是用来验证“动机”的标准。这样,二者的统一过程就既反映了主观与客观的统一,也体现了认识与实践的统一。以设计艺术为例,任何设计活动的动机和目的都是利用图形或形态投射信息、阐释概念、传达某种内容、达到特定传播效果,同时激发接受主体参与交际活动,促使其积极实践并完成双方交际的宗旨和意愿。在设计语言交际领域,只有交际的主体(创作主体和接受主体)才具有交际的动机,因此该领域就存在着结构相同但指向性各异的两种基本动机——创作性动机和接受性动机。

(1)创作性动机:任何种类的艺术形式的创作都是力图同接受主体结成交流、对话的交际伙伴,并使其受到尽可能大的影响。由此可见,一切艺术创作都是有其动机的。根据创作需要和意念而产生的动机,就是设计语言交际中创作主体所拥有的创作性动机。这种动机的不同性质和左右创作主体的力度的大小,对其参与交际的具体方式、倾向、效果等都具有较大的影响作用。此外,创作性动机所针对的是有待创造的艺术形象,而这种创作对象又是维系创作动机及过程的刺激性因素。

从创作主体的角度审视设计行为,可以发现这样一种循环模式:“需要的积累→创作动机→创作行为→创作目标”。一旦创作行为完成、创作目标实现,原来的动机就会随之而消失。这时,新一轮的“需要→动机→行为→目标”的循环又会发生。然而,无论该模式如何循环,在整个设计创作过程中,具有定向、推进、调节等能动作用的创作动机,在自始至终发挥自己的作用的同时,还必须始终面对和处理“主观意念与客观可能”、“动机与效果”这两对矛盾。

(2)接受性动机:这是指设计语言交际中接受主体所拥有的动机,主要由交际语境(鉴赏环境)激发而来。它所针对的是有待二度创造的艺术形象,即对创作主体所创造的设计艺术形象的再创造。这时,创作主体的创作对象已经转化成了接受主体的鉴赏对象。一般情况下,鉴赏对象只有在其所传达的信息方面同接受主体的需求一致、具备了所需的表达方式或特定标志以及想象与联想的空间，接受主体才能进行憧憬、虚构和二度艺术创造，其接受性动机也才可能真正成为设计语言交际中的内在动力之一。

5.6　设计语言交际的“会话结构”

所谓“会话结构”，实际上就是针对语言交际的基本过程而言的，亦即会话的顺序结构。比方说，会话如何开始，如何发展，又如何结束等，这也是会话的整体构成。研究这种会话结构，不仅可以了解会话的连贯性问题，而且还可以找出构成会话的基本规律来。当然，若就会话的局部构成而言，还需要进一步探讨下列几个问题：①如何通过交际伙伴之间一次次的发言构成这次会话交际；②交际双方的发言之间是一种什么样的联系；③交际中发言人的角色怎样更换；④怎样使双方的发言成为连贯性的话语。

设计语言交际的会话结构，是一种潜在性会话的顺序结构体，由创作环节、接受环节和传播环节组成。

（1）创作环节是设计语言交际的整个会话顺序结构体中的基本环节，它充分体现了创作主体所具有的全部能动作用。首先，创作主体要想参与设计语言的交际，就必须获得参与交际的“资格”认证，亦即具有高标准、高效率创造设计语言的能力与水平。这就不但要求其在观察和体悟现实世界的客观事物和日常生活方面，具有坚实而丰富的理论与实践性的积累，而且还应在设计创意及技巧的运用方面，达到一定的造诣。其次，创作主体还必须明确自己所创造的设计话语是“讲给谁”的，或者说，要明确自己与之对话的交际伙伴是哪个层面或范围的信息接受者，他们通常喜欢或习惯于何种交际方式等，只有弄清了设计创作的针对性和交际对话的语境，才能选择和确定最适合的设计策略及表达方式，也才能达到预期的交际目标。再次，是创作主体仔细斟酌、审视与完善自己在设计语言中所塑造的艺术形象。这类思索和推敲其实就是设计语言交际中创作主体所从事的具体的言语行为活动，不仅充满着情感，而且还能使设计语言体现出个性化的风格魅力，并使表象顺利地转化为设计意象。最后，才是艺术传达，亦即通过设计语言手段含蓄地将设计语言所蕴含的主意、意念、意趣、意境等展示、表达给交际对话的伙伴——接受主体。

（2）接受环节是指接受主体在设计语言交际的会话结构中所从事的具体言语行为活动。要顺利、自如地扮演好交际伙伴的角色，首先应像创作主体那样具备相当的阅历和知识结构、一定的心理能力和思维方式、较高的相关理论水平和较强的审美能力。有了这样的鉴赏基础，才可能在同创作主体的交际对话中，圆满完成欣赏设计作品、解读设计语言、评价设计作品这三个具体的步骤。这表明，在设计语言的交际中，接受主体只有具备了一定的文化修养，能够解码与阐释创作主体所发出的“话语”信息，才能在相关的语境条件下，自由而积极主动地参与并完成同创作主体之间的交际对话。

（3）传播环节通常主要是通过创作主体和接受主体来实现的。创作主体所从事的传播是一种自我审视性质的传播行为，如反思、修改、调整设计作品等。这时，原本的创作对象事实上已成为接受的对象。而接受主体所从事的传播活动是一种二度创造性质的传播。这时，原本的接受对象已成为再创作的对象。

此外，在高度信息化的今天，利用大众传媒或市场所进行的传播，从某种角度上讲，也应该视为一种传播类型。

5.7　设计语言的交际手段问题

人们在日常生活中进行自然语言交际时所运用的对话手段主要是发出话语，或陈述，或疑问，或请求，或祈使，总之，不是你一言我一语式的陈述，就是你问我答式的对话。而对于设计语言交际而言，虽然同样具有“对话”的性质，但所运用的手段并不相同。这首先是因为，同其他门类的艺术语言一样，设计语言交际不仅包括两个主体（创作主体与接受主体）之间进行的对话，而且还包括这两个主体分别与两个相关对象（创作对象与接受对象）之间进行的对话。这样，设计语言的交际手段，就依其不同的性质而区分为“主体性交际手段”和“对象性交际手段”两个类别。

（1）主体性交际手段——这是创作主体影响创作对象和接受主体影响接受对象的手段，针对设计语言而言。

（2）对象性交际手段针对具体设计作品而言，这是设计语言交际对象的生存之地，也是创作对象转化为接受对象之基础。人们之所以将设计作品也作为一种交际手段看待，是因为设计作品在设计语言交际中是当作互相影响的工具来使用的。至于把设计语言看成是设计语言交际中的主体性交际手段，就更在情理之中了，因为语言本身就是一种交际工具，就是人类交际的主要手段。

总之，对设计语言交际手段的研究，通俗一点讲，就是要解决交际对话中"如何说"的问题。其核心在于，设计图形或形态的语义信息应采取什么方式来表述，其中包括从什么角度切入主题，通过哪些具体手段来创造新颖而极富诱惑力的设计作品或设计语言，如何促使接受主体积极参与相关对话，并用心解读与把握创作主体所发出的"话语"，从而顺利完成这一交际对话的"任务"。

此外，在对交际手段（表述方式）的构思和推演的过程中，"还可进一步具体调节角度的细微变化，如宏观到什么程度，具体、微观又到什么程度，而不同的深入程度和角度的微差调节又可引出不同的表述'语句'，获得不同的表达效果，引出不同的画面"。当然，还可以"以主题所含的词、义进行内涵的挖掘和外延的扩展……"或者"运用文学中的不同阐释方式，如比喻、类比、反证、纪实、推论、假设等来拓展思路，获得多种表达方式作为注入画面的语句，引出不同的具体设计题目和有不同效果的画面"。[①]

5.8 设计语言交际的语境问题

新兴的语用学是一门研究在特定言语环境条件下人们如何表达话语和解读话语的学问。这一点就足以说明，语境问题既是语言交际的重要组成因素，同时也是语用学的核心研究内容之一。语用学本来就是对言语行为以及实施这些行为的语境因素的研究，是对话语如何在语境中获得意义的研究，是对语言的使用和语言交际的研究。因此，设计语言交际自然也就涉及语境问题。从这个角度上讲，"语用学实际上是一门语境学"的说法也是不无道

① 周琮凯：《图形创意》，西南师范大学出版社，1997 年，第 26 页。

理的。

鉴于在“设计语义学”一章中已对语境问题作过描述，所以这里我们将主要针对设计语言交际中的语境问题加以概括论述。

如前所述，语境是使用语言时所处的实际环境，其中包含有三种因素：①语言因素：上下文、前言后语、身势语（动作、手势、表情）、语调等；②情景因素：时间、地点、场合，交际双方的性别、年龄、性格、文化修养等；③文化背景因素：民族、时代、社会、政治、历史、文化、宗教、习俗等。在上述所列的这些因素中，有些是微观性的语言因素，有些则是宏观性的非语言因素；有些因素是主观性质的，有些因素则是客观性质的。语境是人们交际时话语互动的基础和保障。只要进行语言交际，就一定会形成并依赖一个特定的语境。这主要是因为：①语言交际是跟语境联系在一起的行为，语境既作用于语义的生成，同时也作用于对语义的理解；②在具体的言语交际过程中，只用言语形式本身并不能完全表达出说话者的意图，听话人也无法仅靠对言语形式本身的解读来断定说话人的真实意图，只有通过相关的语境才能推导出言语形式的言外之意；③语境既有助于排除语义中可能存在的歧义，也可以矫正可能引起曲解或误解的解读方向，以便最大限度地准确把握交际的内涵；④对宏观语境（社会历史文化背景）的正确理解，可赋予语义以真正的价值。此外，语境是在言语交际双方的互动过程中，通过那些客观事物同被激发的因素的相互作用而形成的，它反映了交际话语与语境之间所保持的那种彼此相适应的动态过程。

语境对言语交际的影响是多方面的，但从某种意义上讲，语用学领域的语境研究的重点多半集中在下述四种基本关系方面：其一，是指示语同语境的关系，因为不通过语境分析，便难以准确把握相关指示语的具体含义；其二，是预设（前提）同语境的关系，因为不联系语境因素的影响，就无法理解前提，从而也就无法推导会话含义之所在；其三，是言语行为同语境的关系，因为语境的相对稳定性、多变性、选择性都取决于交际双方与语境的能动性；其四，是会话含义同语境的关系，因为只有通过语境因素才能解读交际话语的含义，也才能进一步推导出它所蕴含的各种言外之意。①

对于设计语言交际来说，语境其实就是表达与理解设计语言的具体环境，是补充设计语言语义信息的载体。只有密切联系语境因素的设计艺术作品，才能准确而充分地展示其内涵，才能真正实现对话双方的交际意图。例如，周琮凯先生在为日本奈良中国文化村设计《西游记》中孙悟空卡通形象（图30）时，就充分考虑到了设计语境的各种因素：该项目的特色和经营方式；《西游记》故事如何同现代游乐项目自然结合起来；孙悟空卡通形象如何同日本现代卡通形象进行贯穿组合；如何开发和创造相关系列性商品；等等。他最终设计出了一个可与日本《圣斗士》等卡通故事自然连接的孙悟空宇宙变体形象。② 事实上，几乎任何设计作品的创意活动都离不开对各种相关语境因素的考量。例如，城市雕塑作品创意涉及对地域文化及物质因素特点甚至观赏条件的思考；住区景观设计涉及对当地自然生态、景观、社会环境、建筑特点乃至生活习惯的思考；中秋月饼包装设计涉及对中秋节日文化、南北方不同地域的传统习俗的考虑。即使在为不同地域、不同职业、不同年龄的人群设计产品而选择色调时，创作主体也必须顾及相关人群的审美情趣和接受心理等语境因素。

图30 《西游记》中孙悟空卡通形象 作者：周琮凯

设计语言交际中的语境通常分为自然性的和社会性的两种。自然性语境容易被人的感官所感知，也容易理解，如“建筑设计”语言交际及“环境设计”语言交际中的自然环境等。倒是社会性语境需要加以必要的阐释，才容易被感知、认识和理解；何况，就设计

① 参见曾文雄：《语用学的多维研究》，浙江大学出版社，2009年，第53页。

② 参见周琮凯：《图形创意》，西南师范大学出版社，1997年，第9页。

语言交际之发生而言,社会性语境所发挥的影响作用远比自然性语境的作用大。具体来说,设计语言交际是受创作性语境与接受性语境的先后刺激而发生的。创作主体为接受主体创造了接受对象,反过来,接受主体不仅为创作提供了归宿,而且还进行了再创造。于是,就产生了设计语言的交际对话行为。设计作品的创作作为创作主体的一种话语表达(对话)方式,是在创作性语境的影响下完成的;而作为接受主体之话语表达方式的对作品的解读和再创造,则是在接受性语境的影响下完成的。

从设计语言交际的社会性语境角度来看,其中的创作性语境通常是由创作主体日常接触的人和事物、接受主体、其他创作主体所营造的。这种语境使创作主体从中得到了生活的积累,丰富了阅历,通过与其他个人或群体在情感上的交流、互动和沟通,确定了自己的创作题材和方向,为顺利对话奠定了坚实的交际基础。至于参与营造创作性语境的后两种因素(接受主体和其他创作主体)所起的主要作用,则分别为提供设计艺术之需求和充当榜样或激发灵感。

接受性语境和创作性语境之间,具有某种较为相似的对应性。首先,参与营造接受性语境的因素也有三种:①接受主体日常所接触的人和事物;②创作主体;③其他接受主体。接受性语境使接受主体从中汲取了文化营养,培养了自己观察事物、鉴赏设计艺术作品的能力,产生了参与设计语言交际对话的动力与个性,确立了艺术接受的目标,从而为参与同创作主体的对话奠定了基础。其次,创作主体在其中所发挥的主要作用是提供可资鉴赏的设计作品,而其他接受主体的作用则是提供可借鉴的鉴赏经验。

5.9　设计语言交际的合作原则和得体原则

日常生活中的交际实践告诉我们,交际双方的合作是交际活动的基本条件之一,同时也是会话活动的重要原则之一,是双方都应当遵守的。因为任何言语交际本身都是一个双方相互作用的过程。一方面,说话人的言语行为中隐含着自己的交际意图;另一方面,听话人需要通过自己的言语行为来推测或解读对方的真正意图。加之在实际的言语交际中,不同的人在不同的语境条件下,对同一话语的推理往往产生不同的结果，这就需要通过某些策略或原则来调节或制约推理过程。

语用学中的所谓“会话合作原则”（也称“会话准则”）就是日常语言交际中的说、听双方都应当遵守的法则。这些合作原则是从语言交际的实践活动中总结出来的，是使说话人和听话人在整个交际过程中，自始至终坚守共同目标与方向、保持默契、密切配合，从而使这种有意义的语言交际顺利进展并获得成功的前提条件之一。否则，双方的交谈会变成一连串互不衔接的不知所云的话语。会话合作原则的基本功能在于调节说话人的话语内容，使说话人能够比较放心地在假设交际伙伴能积极协作、配合的情况下实施言语行为。

会话合作原则一般包括“量”性准则、“质”性准则、关联性准则和方式性准则四项基本准则。量性准则指说话方所提供的信息较为充分且不含多余成分；质性准则是指说话方所说的话语内容真实、准确；关联性准则指所说话语同交际话题及意图相关，不离题。上述三种性质的准则所关涉的都是“说什么”的问题（内容方面）。方式性准则系指所说的话语应简明扼要、条理清楚、层次分明，因此这项准则所关涉的显然是“怎么说”的问题（表达方式方面）。语言交际的实践表明，语言交际中如果这些准则得不到遵守，其结果或是因对方未发现准则被违反而造成误解，或是因对方发现说话人违反准则而导致会话含义的产生。

设计语言交际中的合作原则还可以细化为以下若干准则：①目的性准则，指设计创作主体的目的十分明确；②针对性准则，指设计作品对于时机、场所、受众、主题内容、商业环境、社会文化语境等有明确的针对性；③准确性准则，指设计信息真实、准确、适用、切题，解码准确、到位，不致引起误解；④传播性准则，指新颖、独特的作品表现形式所具有的那种可视性和感染力，十分有利于设计信息的顺利传播；⑤启迪性准则，指设计作品不仅能激发接受主体的浓厚兴趣，使其受到熏陶和感染，而且还能给人以思想及智慧方面的启迪。

事实上，就语言交际的实际情况而论，不合作或违反合作原则的现象并不少见，有时甚至会达到发生激烈冲突的地步。正如有学者指出的那样，“对交际原则的运用表现为‘合作’与‘违反’两种方式，这两种方式并不是绝对的，即我们在运用交际原则的过程中，应掌握一个适度的标准，一味遵守会适得其反，随意违反则会使交际双方有规难循，交际就无法进行。因此，在实际的言语交际中，交际双方都应根据不同的语境而灵活运用合作原则，决定遵守或是违反这个原则。在特定情景下，适当地、巧妙地偏离合作原则，可以起到一些很好的效果，对言语交际活动顺利进行具有重要的意义”①。还有学者提出，“言语交际是一种由反馈调节的双向交流过程。如果言语交际一方首先违背合作原则的有关准则，则另一方是否遵守或违反合作原则便具有相对性。会话中的合作原则不是绝对的，‘遵守’和‘违背’乃是相对的，四大准则的‘度’往往因人而异，并无固定不变的统一标准”②。

要想使每一次语言交际都能顺利进行，取得有效、圆满的结果，交际的双方就要做到正确而礼貌地运用语言，力争使说出的话语句句得体。此外，还得有谦恭的态度和文明的举止。这便是会话的所谓“得体原则”，或称“礼貌原则”。在语言交际中遵守得体原则可以起到作为人际交往之润滑剂的作用。得体原则是指在语言交际的其他条件相同的情况下，尽可能不用有害于交谈的表达方式，而改用或间接或委婉的表达方式。这是一种用以确保交际双方保持平等友好关系、使交谈正常而顺利进行的具有更强调节功能的原则。得体原则是同合作原则密切相关、相互补益的。因此，在语言交际中，说话人在运用合作原则和得体原则时应当把握好它们之间“进退相让”的相互关系，随时作出相应的调整：使用合作原则的比重大，就需要减轻使用得体原则的分量；若需要突出或强调得体原则，就得削弱甚至放弃合作原则。交际意图不同，对得体原则可能会有程度轻重不同的具体要求。

此外，如同会话的合作原则包含了若干准则一样，会话的得体

① 转引自曾文雄：《语用学的多维研究》，浙江大学出版社，2009年，第73页。
② 转引自曾文雄：《语用学的多维研究》，浙江大学出版社，2009年，第73页。

原则也具有自己的几项准则,如用于指令和承诺的策略准则和宽宏准则,用于表情和表述的赞扬准则和谦虚准则,用于表述的赞同准则和同情准则,等等。当然,还有一种观点认为,得体原则仅包括三项准则,即礼貌准则、幽默准则和克制准则。

在设计语言交际的“得体”原则的准则中,有些是同合作原则之准则相通的,如目的性准则、针对性准则、准确性准则等。不过,得体原则似乎更加强调的准则应当是适用性准则、策略性准则(指图形创意策略及表现方式等)、合理性准则和效用性准则。在设计语言交际的两个对话伙伴中,无论是创作主体还是接受主体,都只有充分实践了这些准则,交际的目的才能真正达到,对话的意图才能完全实现,而相关的设计作品也才算是成功的和优秀的。

最后,由于交际的主体在实施言语行为时必然顾及“前提”问题,所以这里有必要顺便对此作出解释。

所谓“前提”,也称“预设”,指语言交际的双方所共有的背景知识,“常被定义为发话者在说出某个特定句子时所作的假设,即说话者为保证句子或语段的适宜性而必须满足的前提或假定对方已知晓的信息”[①]。例如,甲问乙:“老赵的儿子判了吗?”乙回答说:“听说下周三宣判。”在这里,背景知识(前提)是交际双方都知道老赵有个儿子且犯了法,已被拘押了一段时间。正是基于双方所共有的这种背景知识,甲才可能向乙这样发问,并认为乙能正确理解自己的问话,进而作出回答。这种情况说明:①交际双方所共有的背景知识(前提)是交际语境的重要构成要素,是语境的一部分,而且,随着交际的不断发展和逐步深化,这种背景知识还会进一步积累和扩大。在许多情况下,使双方本不了解的事情,也可能通过交际而成为共知的背景知识。②语用前提对语境因素极其敏感。③语用前提是语言交际中说话人对语境的设想(一种预设),是其实施言语行为的适当条件。总之,在语言交际中,作为言语行为之参与因素的“前提”,是一种尽管说话人不曾直接表达,但毕竟得到了传递的已知信息或经验。作为语境中的一种潜在性因

① 曾文雄:《语用学的多维研究》,浙江大学出版社,2009 年,第 68 页。

素，它其实是一种语用性的推论，具有共知性、适宜性、主观性、隐蔽性等，是在语言结构意义的基础上综合语义、语境、逻辑概念等因素所推导出的话语的先决条件，“其基础是交际各方所拥有的对语言、周围世界、传统习俗、交际情境特点等所共有的知识，也可以说是当事人各方的一种预先的默契”①。

当然，作为一种语用性推理的“前提”还具有可取消性的特点。语境中的语言因素也好，非语言因素也好，都可能导致“前提”消失的现象发生。

综上所述，我们可以就设计语用学问题作出下列几点宏观性的结论：

（1）如同其他类型的艺术形式一样，设计艺术也是一种用形象反映世界、反映现实且具有典型社会意识形态的事物，也是创作主体以自己的特殊创造能力和特殊创造手段，在特殊环境条件下同接受主体进行交往、对话、沟通的领域。可以说，设计艺术领域里的一切都应该服从于“对话”这一总的目的，并且总是呈现为一种对话性的对立与运作，因为始终处于运动状态的设计艺术活动本身就是一种持续不断的对话行为，是一种整体具有对话性质的对话方式。

（2）设计艺术的“交往”或“对话”其实就是设计语言交际，是相对于实用语言交际而言，同时以实用语言交际为基础的。在具有憧憬性、虚构性和创造性特征的设计语言的交际中，有许多方面都与实用语言交际的性质和特点相同或者相近，语用学中的一系列基本内容与规则几乎都适用于设计语用学和设计语言交际。

（3）语法学、语义学和语用学的相关性主要表现在：①语法是语用规则的形式化；②语义学是语用学的基础；③语用学是对语义学的一种补充。语法学研究的是语言符号的关系，语义学研究的是语言符号的意义，而语用学研究的是语言符号的运用及其规律问题。由此可见，设计语用学就是对设计语言符号的运用及其规律的研究。

① 王冬竹：《语境与话语》，黑龙江人民出版社，2004 年，第 76 页。

参考文献

1. 邢福义等:《语义学概论》,华中师范大学出版社,2002 年。
2. 戚雨村等:《语言学百科词典》,上海辞书出版社,1993 年。
3. 华劭:《语言经纬》,商务印书馆,2003 年。
4. 李延福等:《国外语言学通观》,山东教育出版社,1996 年。
5. 伍谦光:《语义学导论》,湖南教育出版社,1988 年。
6. 杰弗里 · 利奇:《语义学》,上海外语教育出版社,1996 年。
7. 贾彦德:《汉语语义学》,北京大学出版社,1999 年。
8. 徐亮:《意义阐释》,敦煌文艺出版社,1999 年。
9. 郭菲:《设计语义研究》,河南大学硕士学位论文,2005 年。(http://acad. cnki. net/Kns55/brief/result. aspx? dbPrefix = CMFD)。
10. 何兆熊:《语用学概要》,上海外语教育出版社,1989 年。
11. 姜望琪:《当代语用学》,北京大学出版社,2003 年。
12. 赵毅衡:《文学符号学》,中国文联出版公司,1990 年。
13. 舒湘鄂:《设计语义学》,湖北美术出版社,2001 年。
14. 王雪青等:《图形语言》,上海人民美术出版社,2005 年。
15. 尹定邦:《图形与意义》,湖南科技出版社,2003 年。
16. 黄鸣奋:《艺术交往论》,文化艺术出版社,1999 年。
17. 向海涛:《视觉表述》,西南师范大学出版社,1997 年。
18. 凌继尧等:《艺术设计学》,上海人民出版社,2000 年。
19. 李砚祖:《视觉传达设计的历史与美学》,中国人民大学出版社,2000 年。
20. 辛华泉:《造型基础》,陕西人民美术出版社,1995 年。
21. 林建群等:《造型基础》,高等教育出版社,2006 年。

22. 周琮凯:《图形创意》,西南师范大学出版社,1997 年。
23. 席涛:《图形创意》,东方出版中心,2004 年。
24. 黄刚:《平面构成》,中国美术学院出版社,1991 年。
25. 夏镜湖:《平面构成》,西南师范大学出版社,2001 年。
26. 赵农:《设计概论》,陕西人民美术出版社,2000 年。
27. 阿·伍·怀特:《平面设计原理》,上海人民美术出版社,2005 年。
28. 赵芳等:《艺术形态构成设计》,冶金工业出版社,2008 年。
29. 陈琏年:《色彩构成》,西南师范大学出版社,2001 年。
30. 赵国志:《色彩构成》,辽宁人民美术出版社,1989 年。
31. 陈望衡:《艺术设计美学》,武汉大学出版社,2000 年。
32. 丁亚平:《艺术文化学》,文化艺术出版社,1996 年。
33. 程孟辉等:《中国艺术哲学》,东北师范大学出版社,1998 年。
34. 吕景云等:《艺术心理学新论》,文化艺术出版社,1999 年。
35. 林华:《设计艺术形态学》,河北美术出版社,1997 年。
36. 董志强:《消解与重构——艺术作品的本质》,人民出版社,2002 年。
37. 罗世平等:《康定斯基论点线面》,中国人民大学出版社,2010 年。
38. 王冬竹:《语境与话语》,黑龙江人民出版社,2004 年。
39. 索振羽:《语用学教程》,北京大学出版社,2000 年。
40. 西槙光正等:《语境研究论文集》,北京语言学院出版社,1992 年。
41. 骆小所:《艺术语言学》,云南人民出版社,1996 年。
42.《辞海》,上海辞书出版社,2010 年。
43.《中国大百科全书·美术卷》,中国大百科全书出版社,1991 年。
44. 王德峰:《艺术哲学》,复旦大学出版社,2005 年。
45. 章利国:《设计艺术美学》,山东教育出版社,2002 年。
46. 吴风:《艺术符号美学》,北京广播学院出版社,2002 年。
47. 徐恒醇:《设计符号学》,清华大学出版社,2008 年。

48. 周瑞敏:《诗歌含义生成的语言学研究》,中国社会科学出版社,2009 年。
49. 蒲震元:《中国艺术意境论》,北京大学出版社,2004 年。
50. 陈长茂:《基础语言学》,河南大学出版社,1986 年。
51. 刘焕辉:《言与意之谜》,中国社会科学出版社,2001 年。
52. 索绪尔:《普通语言学教程》,商务印书馆,1980 年。
53. 《现代汉语词典》,商务印书馆,1979 年。
54. 徐恒醇:《设计美学》,清华大学出版社,2006 年。
55. 廖军:《视觉艺术思维》,清华大学出版社,2006 年。
56. 朱志荣:《中国艺术哲学》,清华大学出版社,2006 年。
57. 叶朗:《现代美学体系》,北京大学出版社,2004 年。
58. 薛红艳:《设计的视觉语言》,化学工业出版社,2006 年。
59. 朱国庆:《艺术原理》,中国美术学院出版社,1994 年。
60. 王铭玉:《语言符号学》,高等教育出版社,2005 年。
61. 曾文雄:《语用学的多维研究》,浙江大学出版社,2009 年。
62. 胡飞:《艺术设计符号基础》,清华大学出版社,2008 年。
63. 田晓冬等:《设计文化学》,中国矿业大学出版社,2011 年。